邏輯學入門

88 個邏輯學常識，提升思辨能力，
辨識思維謬誤，清晰思考，理性生活

格桑——著

遠流出版公司

前言

提到邏輯，很多人會一臉茫然，難以敘述出它的準確定義。

邏輯這個詞，可以指思維的規律、規則，可以指某種理論、觀點、行為方式，也可以指客觀事物的規律性，或者專指邏輯學。本書所講的邏輯並不高深莫測，不是黑格爾哲學中的大邏輯、小邏輯，而是生活中推導和證明某件事情時的思維過程。

很多時候，我們習慣性地陷入「一廂情願」的思維方式中，這讓我們感到溫暖、快樂、踏實、愜意。如果是做一場夢，幻想一個童話，這沒什麼不好。然而若是在真實的世界中，我們最好早點摒棄「一廂情願」的思考方式，它輕則會給我們帶來不便，重則會讓我們陷入危險。

人的一生就是一個不斷面臨選擇的過程，在這個過程中，我們難免會犯下各種各樣的錯誤。但是同樣是錯誤，與感性認知錯誤及日常行為錯誤相比，邏輯錯誤卻自有它的特點。行為的錯誤不一定來源自於邏輯錯誤，但是如果違反了思維規律，犯了邏輯錯誤，那必然會引發行為錯誤。

這也就意味著，如果我們能夠掌握好邏輯，洞悉思維過程中各種易犯的邏輯錯誤，就可以有效地減少或杜絕因違反思維規律、陷入思維陷阱所犯的錯誤。

奧斯卡・王爾德（Oscar Wilde）說過：「邏輯沒有愛情的一半重要，但它能證明事情。」

是的，邏輯可以證明：別人對我們說的話，到底是真的，還是假的。因為世界上的很多事情，並不以我們的意志為轉移；很多事物的本質和表現出來的現象，並不完全相同。在聽到或看到一個觀點和意見時，如果我們懂得追問：這件事是不是真的？有沒有確鑿的證據證明它是真的？那我們就不會輕易上當受騙，而是藉助清晰的思考和理性的分析，識別出語言陷阱，拆穿謊言，辨識謬誤，發現事情的真相。

真正會造成傷害的，不是我們不知道的事，而是被偽裝成我們已知道的事。透過這本書，希望每一位讀者在未來的日子裡，都能遠離思維陷阱，清晰而客觀地思考，做出理性睿智的決策，讓人生少一些曲折和彎路。

目錄

前言 002

01 偷換概念「老師，我不認識孫中山」 008

02 混淆概念「買一送一，原來是這樣的啊！」 011

03 模糊概念「你說的千里馬，明明就是癩蛤蟆嘛！」 014

04 歸納謬誤「所有的天鵝都應該是白色的」 017

05 協和謬誤「為什麼總是會有人將錯就錯？」 020

06 滑坡謬誤「上不了好學校，將來就必然會學壞嗎？」 023

07 賭徒謬誤「我就不信我贏不了」 026

08 訴諸憐憫「貧窮和疾病不是偷竊的理由」 029

09 訴諸大眾「多數人認為對的，不一定是真理」 032

10 訴諸個體「我一直躺著看書，也沒有近視」 035

11 訴諸經驗「經驗這個東西，並非都那麼可靠」 037

12 訴諸無知「沒人能證明你是對的，所以別跟我爭辯」 040

13 訴諸規則以外「請你相信我，那只是一個例外」 043

14 訴諸完美「如果做不到完美，就乾脆不要做」 045

15 訴諸最差「我只是偷了東西，又沒有傷害別人」 047

16 訴諸信心「如果你不相信，我說了也沒用」 049

17 訴諸恐懼「臥室裡放這個，全家得癌症」 052

18 訴諸反詰「你說喝酒對身體不好，你不也喝嗎？」 056

19 訴諸沉默「不說話，肯定就是你弄壞的」 058

20 訴諸勢力
「如果你不想被開除，就得遵守這個規定」 061

21 動機論
「無利不早起，他這麼做一定有所圖」 064

22 訴諸權威
「這是有名的人說的，難道也是錯的嗎？」 067

23 重複謊言
「謊言重複一千遍，也不會變成真理」 070

24 強制推理
「開這麼好的車，肯定是父母有錢」 073

25 因果混淆
「太陽傍晚下山，是因為保姆阿姨回家了」 075

26 慣性思維（鳥籠邏輯）
「掛一個鳥籠，就一定要養鳥嗎？」 078

27 訴諸出身
「有其父必有其子，是不是真的呢？」 080

28 訴諸人身
「我的雞蛋是臭的？你才是臭的呢！」 083

29 循環論證
「有意義就是好好活，好好活就是做有意義的事」 087

30 稻草人謬誤
「再逼真的稻草人，也不是真實的人」 091

31 轉移論題
「駱駝掛鈴鐺和高塔掛鈴鐺，不是一回事」 094

32 訴諸感覺
「刻舟求劍的楚國人，到底錯在哪兒了？」 098

33 預設謬誤
「你的假設有問題，別想誤導我」 102

34 訴諸後果
「這樣的結果很可怕，你估量估量」 109

35 否定前件
「我不想出國，所以沒必要學英語」 114

36 機械類比
「東施效顰，為什麼越鬧越醜？」 118

37 無理假設
「如果再給我一次機會，我一定……」 121

38 雙否定前提
「雙重否定等於肯定，是這樣的嗎？」 123

39 不當周延
「所有的天鵝，都有白色的羽毛」 125

40 羅素悖論
「所有的克里特人都是說謊者」 128

41 排中律
「波西亞的肖像藏在哪個彩盒中？」 132

42 充足理由律
「為什麼是這樣，而不是那樣呢？」 137

43 範疇錯誤
「媽媽，師範大學在哪兒呢？」 141

44 斷章取義「天才是百分之一的靈感加上百分之九十九的汗水」 143
45 歧義句構「嗯？有兩個報社的記者參加……」 146
46 隱含命題「那裡的老鼠沒有一隻是駝背的」 149
47 同構意悖「套用你的話，看你還能怎麼狡辯」 153
48 分解問題「說了半天，跟什麼都沒說一樣」 158
49 虛假兩分「不是這個，就是那個，沒有中間部分」 163
50 事實斷言「你怎麼知道那是真的，能證明嗎？」 167
51 隱瞞證據「只要支付全額的百分之十就行了」 171
52 答非所問「難以直接回答時，就回答點別的」 175
53 絕對化謬誤「什麼是『正』，什麼是『不正』？」 178
54 二難詭辯術「詭辯家的半價之訟，你看懂了嗎？」 183
55 簡化因果關係「導致這種結果的原因只有一個嗎？」 191
56 故意歪解「中國人民銀行的資金有十八元八角八分」 194
57 命名謬誤「臭著臉，是因為心情不好」 197
58 同語反覆「小明是小明爸爸的兒子」 199
59 一廂情願「明天約好了去爬山，所以明天肯定是晴天」 202
60 區群謬誤「所有男人都喜歡看世界盃嗎？」 205
61 直覺思維「說不上來，就是有一種感覺」 208
62 預期理由「這個案子結束後，起碼能賺二、三十萬」 211
63 巧合謬誤「蕭敬騰一開演唱會，肯定就會下雨」 214
64 因果倒置「給懶惰的農民發兩頭牛，他們就勤奮了」 217
65 回歸謬誤「誇獎讓學生成績下降，責罵讓學生成績進步」 221
66 推不出來「和尚動得，為何我動不得？」 225
67 設定條件「下半年我有賺到錢的話，肯定借給你」 227

68 無足輕重 「抽菸會影響空氣品質，趕緊戒了吧」 230
69 訴諸傳統 「自古以來，家務事都是女人做的」 233
70 說即勸說 「我們該為別人的盲目行為負責嗎？」 237
71 以人為據 「狂放之士，用他有什麼益處呢？」 241
72 說文解字 「竊書，怎麼能算是偷呢？」 244
73 過度引申 「你的動作總是出錯，不是跳舞的料」 248
74 不當類比 「人的眼睛有5.76億像素，卻終究看不懂人心」 251
75 訴諸傳言 「眼見都不一定為實，更何況道聽塗說呢？」 255
76 破除迷信 「本命年穿紅色衣服，就會有好運嗎？」 257
77 簡單的答案不存在 「簡單的答案？算了吧……」 260
78 觸類旁通 「思考卡住的時候，該怎麼辦？」 264
79 中性詞語 「能不能把話說得明白點？」 267
80 追蹤思維 「打破砂鍋問到底，直至找出滿意的答案」 270
81 合理化 「葡萄那麼酸，我才不想吃呢！」 273
82 群體思維 「是群體中的成員太蠢了」 276
83 誘導性問題 「你不認為這麼想是合理的嗎？」 280
84 求易思維 「把最胖的那位科學家丟出去」 283
85 組合思維 「組合的力量是無窮的……」 286
86 逆向思維 「我喊3的時候大家一起睜開眼」 290
87 在此之後 「下次不下雨的時候，獻祭活人就是了」 293
88 固定聯想 「抽維珍妮細涼菸能讓女性身材變纖細嗎？」 296

01 偷換概念

「老師，我不認識孫中山」

在某個中學的歷史課堂上，老師問一個學生：「你認識孫中山這個人嗎？」

這位學生回答道：「老師，我不認識孫中山。」

聽到這個答案後，全班同學哄堂大笑，老師也是哭笑不得。

我們都知道，老師所說的「認識」，是指對孫中山這個歷史人物的評價和理解；而回答問題的那個同學所說的「認識」，是指日常生活中的往來。如果後者是因為沒聽明白問題才這樣，那麼他是犯了「偷換概念」的邏輯錯誤；如果他是因為功課沒學好而故意打馬虎眼，那這就是道道地地的詭辯了。

所謂偷換概念，就是指同一個思維過程中，在中途改變一個概念的內涵或外延，用別的聽起來一樣的概念進行偷換，把一個事物的原意用狡辯的手法換成另外一種看起來也可以成立的解釋，把假的變成真的，以此來轉移他人的注意力，以達到某種目的。

說得簡單一點，就是指人有意或無意地歪曲原意。按照邏輯思維的要求，說話或論辯中的概念，都要保持統一。但由於辯論和言語在思想上具有自由性，因而說話者通常可以自己設置規則，來改變遊戲的玩法。偷換概念，就是辯論者趁對方不注意，換掉了原來的說法的概念，從而導致的邏輯錯誤，藉機蒙混過關，擾亂對方對某件事情的判斷。

舉例來說，父親指責兒子說：「你整天遊手好閒，好吃懶做，以後打算怎麼辦？」

兒子狡辯說：「您經常說，中國人非常勤勞，我也是中國人，我怎麼會懶呢？」

父親說的「中國人非常勤勞」這句話裡的「中國人」，是一個集體概念，並不是明確指某一個中國人，而是指全體中國人的共同性；兒子說的「我是中國人」這句話裡的「中國人」是一個個體概念，即我是中國人中的一員。儘管兩個詞語都是「中國人」，但是意思不一樣、概念不統一，邏輯上肯定就會產生謬誤。

所以，在日常生活中與人交流時，我們一定要聽清楚對方在講什麼，牢記對方提到的概念，然後再跟對方確認是不是這個意思，並且確定以後提到這個詞語時，對方也是在講同樣的意思。另外，邏輯思維通常都有明確的邏輯主語，倘若對方口中的物件發生了偏移，一定要多加留意，這種情況下主語或指向物件可能正在被轉移。此時，一定要跟對方確認邏輯主語，在得到對方明確的答案以後，就得給對方設置一個前提，限制概念使用的範圍。

如此一來，我們就可以有效避開偷換概念的邏輯陷阱，才不會上詭辯家的當。

邏輯思維通常都有明確的邏輯主語，倘若對方口中的物件發生了偏移，一定要多加留意，這種情況下主語或指向物件可能正在被轉移。

02 混淆概念

「買一送一，原來是這樣的啊！」

逛百貨公司超市的時候，我們一定都看到過「買一送一」的醒目字樣，它們往往會被擺放在某些促銷商品的正上方。遠遠地看去，我們可能真的以為就是那件物品是買一件送一件，然後直接朝著這個超值優惠商品走過去。可是，近距離一看，或者詢問門市銷售人員後，我們高漲的心情瞬間下跌了一半：人家說的買一送一，其實和自己想得是完全不一樣！

——買一條褲子，原來只是送一雙襪子

——買一桶花生油，原來只送一個漏斗

——買兩條牙膏，原來只送一個漱口杯

店家打出「買一送一」的廣告，為的就是吸引消費者的眼球，而這個「買一送一」的詞語中，就包含著混淆概念的問題。所謂混淆概念，就是指在同一邏輯思維過程中，把不同的概念當成同一概念來使用，或是將一些表面相似的不同概念，當成同一個概念來使用而犯的邏輯錯誤。

《韓非子》中有一則關於「卜子之妻」的故事，可以用來說明這個混淆概念。

鄭縣人卜子叫妻子給他做條褲子。妻子於是問他說：「你現在想要做的褲子是什麼樣子的？」

卜子說：「就是像我現在（穿）的褲子。」

結果，妻子毀了新褲子，把它改成了舊褲子。

這個令人啼笑皆非的故事，就牽涉到了概念混淆的問題。

很多時候，我們對於比較接近的事物和現象的概念，在內涵和外延上存在辨別障礙，因而很容易被迷惑。想要避免概念混淆，就要準確地把握所使用的概念的內涵與外延，注意對同音異義和近義詞進行區分和辨別。只有嚴格區分易混淆的概念，並且結合真實的情境和語境，才能少犯概念混淆的邏輯錯誤。

混淆概念是指在同一個邏輯思維過程中，把不同的概念當成同一個概念來使用，或是將一些表面相似的不同概念，當成同一個概念來使用而犯的邏輯錯誤。

03 模糊概念

「你說的千里馬，明明就是癩蛤蟆嘛！」

你一定聽過這句話：「世有伯樂，然後有千里馬。」

伯樂是何許人呢？他是春秋時期有名的相馬之人，本名叫孫伯。

相傳，伯樂有了兒子之後，很想把自己相馬的本領傳承下去，為此每天潛心教誨兒子。很快，兒子長大了，伯樂認為兒子可以出師了，就讓他出去尋找千里馬。

臨行前，兒子問了伯樂一句：「到底什麼是千里馬呢？」

伯樂笑答：「脊骨彎曲，額頭隆起，眼睛突出，善叫會跳。」

兒子牢記著這十六個字，背著行囊出發了。

一年過去了，伯樂的兒子走訪了許多名勝古蹟，卻始終沒有找到父親所說的千里馬。在某一個夏日的夜晚，因為走得實在太累了，又沒有地方能住宿，伯樂的兒子就在荷塘邊的亭子裡休息。荷塘邊傳出癩蛤蟆的叫聲，伯樂的兒子定睛一看，喜出望外：「簡直就是，踏破鐵鞋無覓處，得來全不費工夫！」然後，他就捧起了一隻癩蛤蟆，開始回鄉之路。

到家後，兒子忍不住把癩蛤蟆拿到伯樂面前說：「父親您看，這就是我找到的千里馬，牠完全符合您說的——脊骨彎曲，額頭隆起，眼睛突出，善叫會跳。」

伯樂見此情景，不知該哭還是該笑。

為什麼伯樂的兒子會把癩蛤蟆當成千里馬？這跟伯樂的表述有關，他沒有準確地描述「千里馬」的範圍，只是強調了「千里馬」的外形和特點。在沒有充分瞭解千里馬是什麼概念的情況下，伯樂的兒子就犯了模糊概念的錯誤。

在思維的過程中，人們所提及的概念都應當有準確的範圍和含義，概念之間也要有確切的關係。所謂模糊概念，就是指物件性質、範圍和相互關係，不確定、不明朗的現象。

通常，一個人的身高、體重、收入等，這些概念都有明確的範圍，但如果用這樣的話語來描述，如「這個人挺高的」「這個人挺重的」「這個人收入中等」，就是模糊的表述，因為到最後我們也不知道這個人究竟是多高、究竟有多重、收入是高還是低。特別是最後的一個問題，不同國家、地域的經濟情況都不一樣，收入高低的概念就更難以衡量了。

正因為此，在聽別人講話時，我們一定要仔細辨別那些有相對含義的概念，並根據這些概念進一步提問，以免出錯。當然了，光聽得懂還不夠，我們還得學會清晰表達。當我們要表達一個觀點、描述一個事物時，要盡可能秉持「簡單原則」，摒棄抽象的描述，簡化語言的枝葉，把要表達的事實言簡意賅地說出來。這樣的話，聽者就不至於一頭霧水了。

在聽別人講話時，我們要仔細辨別那些有相對含義的概念，而且為避免出錯，最好根據這些概念進一步提問。當然，光聽得懂還不夠，我們還得學會清晰表達。

04 歸納謬誤

「所有的天鵝都應該是白色的」

有一隻火雞很喜歡歸納，當牠發現主人第一次給牠餵食的時間是上午九點鐘時，並沒有急著下結論，而是繼續細心觀察。火雞留意主人每一次給牠餵食的時間，包括晴天、陰天、雨天、雪天等不同的天氣，想在主人給牠餵食的時間上找出一些規則。

經過一段時間的觀察，火雞發現：無論什麼天氣，主人都會準時在上午九點鐘給牠餵食。於是，火雞果斷地做出結論：主人每天上午九點鐘給我餵食。當牠做出這個結論後不久，耶誕節來臨了，牠怎麼也沒有想到，主人在耶誕節這天上午九點鐘，把牠給宰了。

這是英國哲學家羅素（Bertrand Russell，1872-1970）舉的一個例子，他想藉由這個小故事闡述歸納謬誤的問題：無論歸納了多少種事例，歸納的結論始終是充滿不確定性的，只要出現了一個反面的例子，歸納的結論就會被推翻。

生活中經常會出現歸納謬誤的邏輯錯誤，有些人在收集了一些事例後，發現這些事例可以總結出一個結論，然後就武斷地做出結論，並且堅信自己的結論是對的，不知不覺地陷入偏執之中。

最常見的例子就是，某些女性在遭遇婚戀挫折，特別是遭遇了男性的情感背叛時，就會宣稱：「男人沒有一個是好東西。」這一結論，確實是根據這些女性自身的見聞或親身經歷所得出來的，但是這並不能代表全部。如果總是用這樣的歸納謬誤去跟另一半爭辯，很容易火上澆油，招來對方的反唇相譏，給自己增加傷害。

歸納法的確能幫助我們處理不少問題，不過客觀世界是很複雜的，我們的認知層次有限，過去的規律和經驗不一定能夠幫我們解決當下的困境。這就好比，人們在澳洲發現黑天鵝之前，一直都認為，所有的天鵝都應該是白色的。

我們需要歸納法，但是我們更要明瞭一點：有限歸納存在著謬誤的可能，這就是風險的根本所在。我們要秉持一份質疑精神，因為所有確信都只是暫時的，一旦對某些事物產生路徑依賴，或是「想當然」，就可能面臨失誤。

歸納法雖然有助於處理不少問題，不過客觀世界很複雜，無論歸納了多少種事例，歸納的結論始終充滿不確定性。

05 協和謬誤

「為什麼總是會有人將錯就錯？」

有個年輕人在一家健身房辦了會員，準備在未來一年內好好鍛鍊身體。遺憾的是，就在辦了會員之後不久，他被檢查出罹患了某種疾病，醫生告誡他說，在治療期間要好好地靜養，不能做劇烈運動。這個病屬於慢性疾病，治療時間比較長，大概需要一年的時間。這就意味著，他在接下來的一年裡，都不能去健身房運動了。

怎麼辦？剛剛才在健身房辦的會員，都還沒有用過呢！年輕人立刻去了健身房跟對方協商，但是被告知因為是以活動價格辦的會員，不能退費或轉讓。如果這一年裡，他不來健身房運動，這個會員資格就相當於報廢了。年輕人越想越不甘，最後竟然不顧醫生的建議，毅然地選擇去健身房運動，還安慰自己說：我不做劇烈的運動就是了。

試問：這位年輕人難道不知道自己生病了還來鍛鍊，對身體可能造成巨大的損害嗎？不，他當然知道，所以他才會安慰自己說，不做劇烈的運動就好。如若不然，他就要白白浪費這筆會員費，這是他最難以接受的現實。

實際上，這個年輕人面臨的困境，在邏輯學上被稱為「協和謬誤」。所謂協和謬誤，是指在某件事情上投入了一定成本，進行到一定程度後，卻發現這件事不適宜再繼續下去，可是因為捨不得之前投入的金錢、時間、精力等沉沒成本，從而選擇將錯就錯，造成更大的損失。

面對這樣的困境，真正理性的選擇是什麼呢？

很簡單，果斷地拋棄沉沒成本，帶著痛苦轉身。如果不停損，繼續投入，可能會有柳暗花明的那一天，但機率極小，不是所有的事情堅持到最後都會有好結果。很多時候，我們要敢於認賠服輸、半途而廢，從沉沒成本中抽身出來，這樣才能擁有新的開始，而不是在協和謬誤的沼澤裡苦苦掙扎。

協和謬誤是指在某件事情上投入了一定成本，進行到一定程度後，卻發現這件事不適宜再繼續下去，可是因為捨不得之前投入的金錢、時間、精力等沉沒成本，無法停損，而選擇將錯就錯，造成更大的損失。

06 滑坡謬誤

「上不了好學校，將來就必然會學壞嗎？」

印度電影《人生起跑線》（Hindi Medium），講述依靠著自己的努力躋身為中產階級的拉吉夫婦，為了讓孩子接受好的教育而四處奔忙，由此引發的一連串故事。

劇中，拉吉的妻子米圖，不願意讓孩子重複自己年少時的讀書經歷，一心想要讓孩子遠離他們以前曾經唸書的學校，每次丈夫拉吉對孩子上學的問題發表與她不一致的言論時，米圖就會抓狂，哭喪著臉，周而復始地開始那一段經典的碎碎念：

「孩子上不了好的幼稚園，就進不了好的中學；進不了好的中學，就沒法考上好的大學；考不上好的大學，就不能進入跨國公司，找一份好的工作……這樣孩子就會被同伴撇下，那孩子就會崩潰，最後孩子就會學壞，然後吸毒……」

每每聽到「吸毒」這樣的結局，拉吉就被妻子嚇到不行，趕緊認同她的想法。然而，在銀幕面前的我們，卻是哭笑不得：這位女主角把中產階級為子女上學之事展現出的焦慮，以及她那糟糕至極的信念，演繹得淋漓盡致。搞笑之餘，也十分令人感慨。

我們都知道，就算孩子上不了好的幼稚園，最後的結果並不一定就是學壞加吸毒。女主角米圖這一連串的碎碎念，其實就是犯了邏輯上的「滑坡謬誤」。

所謂的滑坡謬誤，就是指不合理地使用一連串的因果關係，將「可能性」轉化為「必然性」，以達到某種意欲之結論。

滑坡謬誤的典型形式就是：如果發生A，接著就會發生B，再接著就會發生C，然後又會發生D……接下來就會發生Z。從一個看似無害的前提或起點A開始，一小步一小步地轉移到不可能的極端情況Z。之所以這樣推論，為的就是明示或暗示：「Z不應該發生，所以我們不能允許A發生。」

上述這種情況，之所以會構成謬誤，並不是因為支撐論證的因果鏈條太長（事實上也存在這樣的情況，就是一連串的複雜因果相互關聯，從第一個原因出發得到了極端的結果，蝴蝶效應就是一個典型案例），而是在於，每個「坡」的因果強度是不一樣的，有些因果關係只是可能，而不是必然；而且有些因果關係很微弱，甚至是未知的、缺乏證據的。即使A真的發生了，也無法一路滑到Z，Z並非必然發生。

所以，在沒有足夠的證據之前，不要認定極端的結果必然會發生。

滑坡謬誤是指不合理地使用一連串的因果關係，將「可能性」轉化為「必然性」，以達到某種意欲之結論。

07 賭徒謬誤

「我就不信我贏不了」

曾經有人邀請四十位博士參加一個實驗，實驗的過程很簡單，就是讓他們玩一百局簡單的電腦遊戲。在這個遊戲中，他們贏的機機率是百分之六十。設計實驗的人員給他們每人一萬美元，並且告訴他們，每次喜歡賭多少就賭多少。當然，沒有一個博士知道資金管理對這個遊戲的重要性，也就是賭注大小的影響等。

在這些博士中，最後有幾個人賺了錢呢？很遺憾，四十位參加實驗的博士裡，只有兩個人在遊戲結束後，剩下的錢比原來的多，比例僅百分之五。其實如果他們每次都以固定的一百元下注的話，在結束時是能夠擁有一萬二美元。

為什麼會出現這樣的情況呢？實驗人員總結發現，這些被試者傾向於在不利的情況下還下更多的賭注，而在有利的情況下卻下較少的賭注。

假定他們前三局都輸了，且每次下的賭注都是一千元，那麼他們手裡的錢就只剩七千元。他們會認為：「既然已經連輸三局，而且有百分之六十的機率可以贏，那這一次就是贏的機會。」結果，他們下了四千的賭注，卻又再一次輸了。然後，他們的賭金就只剩下三千元了，再想把錢賺回來，幾乎是不可能了。

儘管這是一個實驗，但我們看得出來，它與現實中的賭徒心理如出一轍。所以，上述參與實驗的博士所犯的這種邏輯錯誤，也被稱為賭徒謬誤。

這是一種不合理的邏輯推理，也就是錯誤地認為隨機序列中一個事件發生的機率，與之前發生的事件有關，亦即其發生的機率會隨著之前沒有發生該事件的次數而增加。簡單來說，就是認為一系列事件間，在某種程度上隱含了相關的關係。

我們可以用丟硬幣的方式來對賭徒謬誤進行分析。丟一枚硬幣，正面朝上的機率是百分之五十，也就是二分之一。然而，犯賭徒謬誤的人會認為：

第一次是正面時，第二次還是的機率是百分之五十×百分之五十＝百分之二十五％，即四分之一；前兩次是正面時，第三次還是正面的機率是百分之五十×百分之五十×百分之五十＝百分之十二點五，即八分之一。

以此類推，之前連續丟出正面越多，再出現正面機率越小。這個推理看起來嚴謹可信，但它在論證步驟上犯了錯誤。有一個客觀事實是不變的，即每次丟硬幣丟出正反面的機率，永遠都是各占百分之五十。丟出正反面的機率，不會因為丟硬幣次數的增加而發生任何改變。即便連續拋出了五次正面，在第六次丟硬幣時，丟出正反面的機率依然是各占百分之五十。

讀懂了賭徒謬誤，可以讓我們更理性地生活。儘管我們都渴望在最大程度上做出最佳的決策，但切忌根據前面的事件狀況去推斷後面的事件結果。癡迷於計算的機率，癡迷於主觀上過度自信的判斷，都可能會招致失敗；學會獨立地看待每一件事發生的機率，才是正向的思考。

賭徒謬誤是指錯誤地認為隨機序列中一個事件發生的機率，與之前發生的事件有關，亦即其發生的機率會隨著之前沒有發生該事件的次數而增加。

08 訴諸憐憫

「貧窮和疾病不是偷竊的理由」

二〇一九年三月，網路上報導了這樣一則新聞：母親偷了一萬八千元為生病的兒子付醫藥費。

事情的原委是這樣的：一個八歲的男孩患有神經母細胞瘤，因為沒有錢治病，其母竟把手伸向了兒童醫院的病人家屬，盜竊一萬八千元後被警方抓獲。孩子的父親在接受採訪時，向記者表示：貧窮和疾病都不可以是妻子伸手盜竊的理由，他希望向受害者道歉。

據瞭解，這個家庭原本就不富裕，為了給孩子治病，已經借了不少錢，現在更可謂是雪上加霜。多數人都很同情這個家庭的不幸遭遇，可是就像孩子父親所說，即便事出有因，但法不容情。

在現實生活中，我們經常會看到與之相似的例子。例如，員警問嫌疑犯說：「你為什麼要在公車上偷東西？」嫌疑犯會解釋說：「我剛從外地過來，錢包掉了，身無分文，不得已才偷東西。」我們都知道，這樣的解釋在法律面前是行不通的，但嫌疑犯為什麼要這樣說呢？

實際上，這是牽涉到「訴諸憐憫」的邏輯謬誤。

所謂「訴諸憐憫」，是指在論證某一論題時，不正面對論題加以論證，而是利用受眾對弱者的憐憫心理，訴說某人可憐、淒慘的遭遇或境況，從而激起人們的惻隱之心。訴諸憐憫把論證完全建立在情感之上，試圖以此讓別人接受自己的觀點，這個行為看起來挺有道理，但是我們要知道，訴諸憐憫是一種邏輯謬誤，它的論據和結論之間沒有邏輯相關。結論的真與假，與某人的不幸境況，不存在必然的關聯。人類的同情心，不是支持論斷的邏輯理由。

數年前，某個小販跟妻子在馬路上違法擺攤，被員警查處。在偵詢時，該小販情緒激動，與員警發生爭執，最後將兩名警察刺死，後又重傷另一人。最後，該小販因故意殺人罪被判處死刑。然而，在該小販被執行死刑後，網路上卻掀起了一片撻伐輿論，甚至有人將其稱為「冤死的英雄」。

一個違法犯罪者博得了多人的同情，而因執行公務死亡和受傷的員警，卻無人同情。實際上，這也是因為很多人被同情心蒙蔽了理智，把所有的關注點都放在「小販是弱勢群體，而員警是強勢群體」上，而忽略了事實本身，也忽視了文明社會的底線：任何時候，暴力都不能被允許。

人人都有惻隱之心，但情歸情，法歸法，兩者不能混為一談。我們可以同情弱者，同情他們的處境，但我們不能同情和縱容違法者。一個理智的人，不能用邏輯謬誤去代替理性思考，更不能被情緒左右，而喪失客觀的分析與判斷。

訴諸憐憫是一種邏輯謬誤，它的論據和結論之間沒有邏輯相關。結論的真與假，與某人的不幸境況，不存在必然的關聯。人類的同情心，不是支持論斷的邏輯理由。

09 訴諸群眾

「多數人認為對的，不一定是真理」

英國哲學家喬治・柏克萊（George Berkeley）說過一句話：「多數人承認的就是真實的，多數人不承認的就是錯覺。」

儘管這位哲學家曾經名噪一時，但他說的這句話，明顯犯了「訴諸群眾」的邏輯謬誤。所謂訴諸群眾，就是在論證一個觀點時，不是闡述支持論點的論據及論據與論點之間的因果關係，而是以該論點得到了多數人的贊同為正確的理由。

訴諸群眾最典型的表現形式就是：因為多數人都認為它是對的，所以它是對的。嚴格來說，這根本不是邏輯推理，而是利用了人們的不自信、盲從等弱點，從而去操控與迷惑人們的心理。這種操控發揮作用的心理支撐，恰恰就是從眾心理。

一九五一年，美國心理學家所羅門・阿希（Solomon Eliot Asch，1907-1996）設計了一個實驗：他把大學生受試者進行分組，每組七人，在同一個房間依次回答一個簡單的問題。實際上，每組的前六個人都是實驗人員，真正的受試者只有第七個人。實驗在多組人中進行，前面回答的六個人，都故意選擇同一個錯誤的答案，以此來測試第七個受試者的反應。

結果發現，在這些真正的受試者中，至少有百分之七十五的人，有一次錯誤的從眾選擇；有百分之五的人，從頭至尾都選擇了錯誤的答案；只有百分之二十五的人，一直堅持自己的選擇。

實驗的測試題是非常簡單的，而且受試者都是大學生，但是測試的結果令人瞠目。倘若題目的難度再高一些，倘若受試者是素質參差不齊的群體，情況又會如何呢？

人們總是傾向於讓自己的觀點得到多數人的認同。反之，多數人都認同的觀點，也會對個體的判斷產生壓力。但上述的實驗告訴我們，在從眾心理驅使下的多數人的意見，無法做為是非判斷的標準，也無法做為論證某個論點的論據。

一個觀點正確與否，與多少人贊同、多少人反對，沒有必然的因果關係。正因為此，我們在生活中才要避免輕信謠傳、以訛傳訛，要找到論據和論點之間的因果關聯，再去做結論。畢竟，真理的標準是實踐，而不是人數的多少。

訴諸群眾是指在論證一個觀點時，不是闡述支持論點的論據及論據與論點之間的因果關係，而是以該論點得到了多數人的贊同為正確的理由。

10 訴諸個體

「我一直躺著看書，也沒有近視」

生活中，你一定碰到過這樣的人：

當你提到，長期吃高熱量、低營養的油炸食品，容易引發肥胖、「三高」等慢性疾病時，他會告訴你：「我早飯經常吃油條、餛飩，身體不也還好好的啊！」

當你提到吸菸有害健康的科學結論時，他又反駁說：「我爺爺吸了一輩子的菸，但是他很長壽，活到了八十九歲。」

當你提到，青少年躺著看書會影響視力時，他又不同意：「我小時候一直都躺著看書，可是也沒有變成近視眼啊！」

這種人就像是網路上常說的「愛抬槓」，當你指出一項科學結論，他總會找一些事例去反駁你。實際上，這是訴諸個體的謬誤。

在這樣的論證過程中，僅僅根據個案做出結論，或者以個人經驗、個人觀察、單個事件為依據來進行論證，就會完全沒有考慮到，前提與結論之間並沒有必然的關聯。個人經驗是有侷限性的，單個事例也可能存在特殊因素，根本不能做為普遍性的資料用於論證。

下一次，如果還有人這樣說，不妨直接告訴他：你這是訴諸個體的謬誤！

訴諸個體會出現的邏輯問題是，在論證過程中，僅僅根據個案做出結論，或者以個人經驗、個人觀察、單一事件為依據來進行論證，完全沒有考慮到，前提與結論之間有無必然的關聯。

11 訴諸經驗

「經驗這個東西，並非都那麼可靠」

我們經常會聽到這樣的論調：「經驗是前人從無數經歷中總結出來的，依靠經驗，能少走許多冤枉路。」對此，不少人深信不疑，並且循規蹈矩地按照經驗辦事。誠然，在某些事情上，他們的確繞開了一些彎路，但問題是，經驗這個東西，真的是放之四海而皆準嗎？

心理學家曾經做過一個實驗：把五隻猴子關在一個籠子裡，籠子上掛著一串香蕉。實驗人員安裝了自動裝置，一旦猴子碰到了香蕉，就會有水噴灑下來。五隻猴子看到香蕉，紛紛跑過去拿，結果每隻猴子都被澆了冷水。於是，猴子們意識到，這個香蕉是不能碰的。

接下來，實驗人員又把一隻新猴子放進籠子。新猴子看到香蕉後，本能地想要去拿，結果遭到了另外五隻猴子的痛打。因為先前的經驗告訴這五隻猴子：香蕉不能碰，如果新猴子碰了香蕉，牠們都要被澆冷水。所以，牠們強烈阻止新猴子去碰香蕉。新猴子遭到了痛打，自然也就不敢再去碰香蕉了。

後來，實驗人員把噴水的自動裝置拿掉了，碰香蕉不會再被潑冷水。可是，由於之前經驗的誤導，猴子們還是認為香蕉不能碰，哪怕餓得很難受，也不敢去碰香蕉。雖然，此時的香蕉已經是「安全」的了。

這個實驗說明，經驗不一定都是可靠的，盲目地信從經驗，可能會故步自封。在生活中，如果總是把經驗當為論據，當成解釋事物的出發點，或是分析事物的基礎，就會陷入訴諸經驗的邏輯謬誤中。

生活中有許多這樣的例子，例如，當兒女的觀念與父母發生衝突時，父母往往會說：「我走過的橋，比你走過的路還多。」言外之意，就是「我有經驗，我有體會，你聽我的不會錯」。這就是典型的訴諸經驗。年齡並不是判斷是非對錯的標準，觀點正確與否跟年齡大小、經歷多少沒有直接的因果關係，而是要看論據、論證是否符合邏輯。

對待經驗，我們要一分為二來看，既要吸收其合理的部分，也要辨別其不合理的部分。在處理問題時，要具體分析，不能在經驗上畫地為牢。

如果總是把經驗當為論據，當成解釋事物的出發點，或是分析事物的基礎，就會陷入訴諸經驗的邏輯謬誤中。

12 訴諸無知

「沒人能證明你是對的，所以別跟我爭辯」

在編撰於十九世紀的一部百科全書裡，曾經有這樣的一段描述：「太陽系一定在少於一百萬年前形成，因為就算太陽只是由碳和氧組成，以太陽釋放能量的速度，在這段時間內燃料必然會耗盡。」

百科全書得出的這一個結論，是基於這個情況——當時沒有發現比碳更有效率的燃料。現在看來，這一個結論明顯是錯誤的。在二十世紀人類發現了輻射與核融合（nuclear fusion）反應後，太陽的年齡被估算為數十億年。

十九世紀的那部百科全書，之所以會得出那個錯誤結論，就在於它犯了訴諸無知的邏輯謬誤。所謂訴諸無知，就是指斷定一件事情是正確的，只因為它未被證明是錯誤的；而斷定一件事情是錯誤的，只是正因為它未被證明是正確的。

放眼望去，這樣的邏輯謬誤，充斥在我們生活的各個角落：

——「你不能證明你的觀點是對的，所以別跟我爭辯。」

——「沒有人能證明外星人真的存在，所以外星人一定不存在。」

——「你拿不出證據證明1＋1＝2，就說明1＋1＝2是錯的。」

……

只是因為沒有強有力的證據去證明或反證，就認定某一觀點是對的或錯的，這就是訴諸無知的詭辯，也是很多陰謀論者的邏輯。這裡的問題就在於，利用無知來支持某個主張，即使自身的知識程度根本無法證明這個主張是虛或是實。

我們都知道，人類的知識是有限的，要證明一個事物是否存在是非常困難的，更別說去證明那些我們根本沒有聽過、見過的事物。退一步說，就算是親眼見過，也需要提供豐富的記錄和證據才可以證明。

面對訴諸無知的詭辯，可以採用「以其人之道還治其人之身」的方式來回應。例如，當對方強調「你無法證明你是對的，所以不要跟我爭辯」時，你可以反問：「照你這麼說，我無法證明你沒有偷竊，就表明你偷竊了嗎？」

當你用同樣的邏輯謬誤去反駁，對方也就無法再狡辯了。因為，訴諸無知從一開始就是錯的，從一個錯誤的觀點出發，根本無法推出一個正確的觀點。

訴諸無知是指斷定一件事情是正確的，只因為它未被證明是錯誤的；而斷定一件事情是錯誤的，只是因為它未被證明是正確的。

13 訴諸規則以外

「請你相信我，那只是一個例外」

小張終日遊手好閒，自甘墮落，父母苦口婆心地勸了他很久，卻沒什麼效用。小張不上班，不賺錢，自然是入不敷出。無奈之下，他就開始向周圍的朋友借錢。

小張：「能借給我個幾千塊錢嗎？我過一個月就還給你。」

朋友：「聽說你從××那邊借的錢還沒有還，有這回事嗎？」

小張：「噢……是有這麼回事。不過，請你相信我，那只是一個例外。你知道，我一直都是個守信的人，我跟你借的東西從來都是準時歸還的，上大學那時候……」

朋友：「不好意思，我最近手頭也有點兒緊，沒辦法借你，你再問問別人吧！」

請留意小張說的這句話——「噢……是有這麼回事，不過，請你相信我，那只是一個例外……」他的意思是說，自己的確借了其他人的錢沒有還，但那只是例外，不代表他是個不守信用的人。其實，這就是訴諸規則以外的謬誤。

規則與例外，原本就是對立的。規則就是規則，例外就是破壞規則，破壞了規則就要付出代價。小張借了其他人的錢不還，這就是違反守信規則，他要承受的代價就是失去個人的聲譽，失去朋友的信任。既違反了規則，又不付出代價，這種相互對立的情況是不可能同時存在的。

規則與例外，原本就是對立的。規則就是規則，例外就是破壞規則，破壞了規則就要付出代價。

14 訴諸完美

「如果做不到完美，就乾脆不要做」

你是否曾經被這樣的念頭困擾過：「如果一件事情沒辦法做到完美，那就乾脆不做好了。」然後，這件事情就真的被擱置，你再也沒有嘗試去做。

這樣的思維方式與處理事情的方法，有沒有什麼問題呢？

當然有！多數人不知道，其實這是訴諸完美的邏輯謬誤。總覺得事情沒做到完美是不行的，要做就要做到完美，這種思考邏輯導致的結果，往往就是無限拖延，錯過大量的良機，甚至最終變成一事無成。

在美國南北戰爭時期，被譽為「小拿破崙」的喬治・麥克萊倫（George B. McClellan，1826-1885）曾被任命為美利堅聯邦軍上將，後來擔任北方聯軍的陸軍總指揮，由於作戰思想保守，凡事追求完美，多次貽誤作戰的時機。最典型的一次是在一八六二年，他原本有機會從羅伯特・E. 李（Robert Edward Lee，李將軍）手裡奪回維吉尼亞的里奇蒙（Richmond）。當時，北方聯軍的另一支部隊正在對羅伯特・E. 李進行夾擊，只要麥克萊倫率兵出擊，完全能將對方的軍隊一舉摧毀。

遺憾的是，麥克萊倫卻犯了訴諸完美的邏輯謬誤。他認為，這個作戰的時機不夠完美，風險比較大，於是選擇了放棄。而就在同年，安提頓戰役（Battle of Antietam，南北戰爭傷亡最慘重的戰役）前後，麥克萊倫再次犯了同樣的錯誤，因為過分追求完美，他又錯過了對李將軍的軍隊進行打擊的有利戰勢。

誰也無法保證，做一件事可以萬無一失，達到預期的完美結果。但我們不能因為達不到完美，就放棄嘗試和努力。很多時候，機不可失，時不再來。況且，任何事情只有先去做了，才有實現完美的可能。

訴諸完美這種思考邏輯往往會導致無限拖延，錯過大量好時機。

15 訴諸最差

「我只是偷了東西，又沒有傷害別人」

《三國志・蜀書・先主傳》裡有一句話：「勿以惡小而為之，勿以善小而不為。」

意思是說，不要因為是比較小的壞事就去做，不要以為是比較小的好事就不去做。畢竟，小善也是善，小惡亦是惡。小善積多了就可能成為利天下的大善，小惡積多了也足以禍國殃民。

然而，在現實生活中，我們卻經常看到與之相反的情況，並且聽到類似這樣的辯駁：

——「我只是偷了東西，又沒有傷害別人！」

——「我只是踹了那隻貓一腳，牠不過是隻動物，又不是人。」

依照他們的邏輯，自己做的事情只是小惡，這樣的行為不是最差的，還有更糟糕的情況，所以是可以忽略不計，可以得到原諒，免除責任。這樣的邏輯是有問題的，因為犯了「訴諸最差」的邏輯謬誤。

作惡與沒作惡，是根本性質的問題；大惡與小惡，是嚴重程度的問題。詭辯者稱，自己做的只是小惡，所以應該被原諒，這是典型的避重就輕。況且，大惡與小惡、大錯與小錯、較差與最差，都是比較之後的結果，有比較才有「最××」的結論，如果任何事情都以「這不是最差」來詭辯，那麼世間所有的行為都能夠找到更加糟糕的比較對象。

按照這樣的邏輯詭辯下去，世間所有的惡行在訴諸最差的情況之下，豈不是都變得可原諒、可饒恕了？這顯然是無理的狡辯。

作惡與沒作惡，是根本性質的問題；大惡與小惡，是嚴重程度的問題。如果認為自己做的只是小惡，應該被原諒，就犯了訴諸最差的謬誤。

16 訴諸信心

「如果你不相信，我說了也沒用」

生活中，各位是否有過這樣的經歷：想跟某個人說些什麼，但不是直奔主題，而是先向對方拋出一個疑問：「你相信我說的嗎？」看到對方誠懇地點了頭，你才有勇氣繼續往下說，並且解釋道：「如果你不相信我，我說了也沒用，說了也沒意義。」

為什麼要先說這樣一段開場白呢？多半是因為，如果對方不相信我們，我們會覺得自己內心的感受無法被理解。這種心理是人之常情，特別是在陷入悲痛的境遇下，我們更是希望得到他人的信任和理解。

這種看似很平常、也無關緊要的情形，從邏輯學上來講，其實是存在謬誤的，那就是訴諸信心。所謂訴諸信心，就是指將信心做為論據的根基，而不是依賴邏輯或證據支持。

訴諸信心有兩個誤區：其一是以他人對自己的信心為論據，這是一種訴諸非理性的論證方式；其二是為了讓別人相信自己，先拿出有力的證據，取得別人的信任，繼而為自己贏得信心，這是一種顛倒的因果關係。

為什麼我們要把訴諸信心這個邏輯謬誤，特別拿出來講呢？原因就在於，它在生活中太常見，而且太容易引發矛盾和爭吵了！不信的話，請看看下面這段對話是否很熟悉。

「我現在心裡特別煩，誰也無法理解我。」

「你怎麼了？跟我說說。」

「你相信我嗎？相信我說的話嗎？」

「我都不知道你要說什麼，怎麼回答你？」

「算了，你不相信我，我說了也沒用！」

「我不是不相信你，我得先聽聽你說的事情，才能做出判斷。」

「你為什麼不能先相信我呢？你如果不相信我，怎麼可能明白我的心情？」

……後面的對話，可能還會持續很長，甚至在最後說完事情的經過，對方提出了一些正常的疑問後，傾訴者又折回到最初的話題：「你這麼問，是不是不相信我？」「如果你不相信我，就沒辦法體會我的心情……」然後，再次訴諸信心。

這樣的訴諸信心，實在勞神又費力，而且對增強信任是沒有任何實質的幫助。畢竟，一個人對另一個人的信任，不是建立在「我跟你感情好」的基礎上，而是建立在事實論據的基礎上。

要想讓別人信任自己，與其反覆地訴諸信心，不如多說一點訴諸真實的論據。倘若沒有真實的論據做基礎，說什麼都是白費的。

所謂訴諸信心是指將信心做為論據的根基，而不是憑藉邏輯或證據支持。

17 訴諸恐懼

「臥室裡放這個，全家得癌症」

戰國時代齊國有一位女子以相貌奇醜聞名，人稱她「極醜無雙」，因她是齊國「無鹽」城的人，所以「無鹽」成了她的代號，她的本名「鍾離春」反而少有人知曉。

無鹽一直到四十歲都還未出嫁，一日，她整理儀容一番，就去了齊國都城臨淄，到王宮門外求見齊王。齊王出於好奇召見她，見她醜陋異常，故意說道：「我宮裡的嬪妃已經備齊，妳想進到我宮中，求嫁國君，試問妳有什麼特殊的才能？」

無鹽很坦然地答道：「我沒有什麼特殊才能，只是懂一點隱語之術。」說完，她舉目裂齒，揮了四下手，拍著膝蓋，先後喊了四句：「危險了！」見此情形，齊王和大臣們都被嚇了一跳，同時又很好奇，想知道無鹽這隱語之術到底有什麼絕妙之處。

在齊王的追問下，無鹽解釋說：「剛剛，我舉目是在替大王觀望烽火的動向，我裂齒是替大王懲罰那些不聽勸諫的人，我揮手是為大王趕走奸佞之徒，我拍膝是要拆除專供大王娛樂的漸臺。」

聽完無鹽的解釋，齊王又追問：「那你喊四句『危險了』，又是何意？」無鹽說：「大王您統治齊國，西有強秦之患，南有強楚之敵，大王又愛奉承之徒，這是危險之一；大王大興土木，高建漸臺，聚斂大量的金銀珠寶，百姓苦不堪言，怨聲載道，這是危險之二；賢明之士隱匿在山林，奸邪虛偽之輩立於朝廷，憂國勸諫者見不到您，這是危險之三；大王終日設宴遊樂，對外不脩諸侯之禮，對內不關心朝政，這是危險之四。」

齊王聽了無鹽的話，意識到自己的問題，不寒而慄。而後，齊王長歎一聲：「無鹽的批判太深刻了，我的確處於危險之地。」之後，齊王納無鹽為后。在無鹽的輔佐下，齊王一改往日的懶怠，把齊國治理得井然有序。

恐懼是人類最原始的情感之一，也是人類生存的一種直覺反應。當人類感到恐懼的時候，經常會做出一些可怕的事情或不尋常的行為。而恰恰是由於這種天性，恐懼經常被一些詭辯者利用，以此強化自己的觀點，這就是訴諸恐懼。

不過，訴諸恐懼是一種邏輯謬誤，是利用威脅和恐嚇，迫使別人屈服於自己的觀點，以便受到自己的掌控。但是詭辯者訴諸的恐懼，是否真的與事實相符，卻是值得懷疑的。就像無鹽在勸說齊王的時候，故意用了四句「危險」，並且逐項分析闡述，引起齊王的警惕和關注。雖說她分析得有些道理，可是或多或少還是有危言聳聽之嫌。

訴諸恐懼的說服術，重在一個「危」字，就是刻意描繪危險，讓人感到恐懼，從而願意聽信詭辯者的建議，以便解除「危險」狀態。詭辯者闡述的「危」，並非無中生有，而是有一定事實依據的，只是詭辯者會適當地誇大其詞，渲染出令人恐懼的效果，以達到說服的目的。

下一次，如果我們在現實生活中發現有人採用訴諸恐懼的詭辯法，或是在網路看到這樣的言論：「這種食物比砒霜更毒，你還在吃嗎」「臥室裡放這個，全家得癌症」「如果你有孩子，不懂這一點很可能耽誤孩子一生」……一定要認真思考和辨別，汲取有用的內容即可，千萬不要被恐懼影響或牽制，替自己增加焦慮，或是做出違背自己意願的、不必要的決定。

訴諸恐懼是利用威脅和恐嚇，迫使別人屈服於自己的觀點，以便受到自己的掌控。但是其訴諸的恐懼，是否真的與事實相符，卻是值得懷疑的。

18 訴諸反詰

「你說喝酒對身體不好，你不也喝嗎？」

——「你說看手機對眼睛不好，你不也老是在看嗎？」

——「你說喝酒對身體不好，你不是也喝嗎？」

——「這件事要發生在你身上，你還會這麼說嗎？」

類似這樣的話，大家在生活中肯定經常會聽到，甚至自己也經常這樣說。

顯然，說這些話的目的，是要批駁對方的觀點。然而，這裡採用的批駁方式，並不是透過呈現事實、講出一番道理去論證論題，而是藉由向對方提出反詰，用對方的行為去批駁對方的觀點，例如，「你不是也喝嗎」；或者把對方推向一個具體的處境，例如，「這件事要發生在你身上」，逼人設身處地站在道德、情感等方面來考慮問題……在邏輯學上，這就是典型的訴諸反詰。

關於「看手機對眼睛有害」「喝酒對身體不好」這兩個觀點，要從這兩種行為是否會危害健康進行分析和論證，例如：手機螢幕發出的藍光對視力有什麼影響？酒精對人的神經中樞系統影響為何？諸如此類。這才是有理有據的論證。

我們不能因為有人看手機、喝酒，就否定這兩種行為是無害的。同時，我們也不能因為對方有喝酒的行為，就否定「喝酒對身體不好」的觀點。對方喝不喝酒，與喝酒對身體好不好之間，沒有必然的邏輯關係。

言行不一，是倫理方面的問題，與邏輯無關。一個人的行為與觀點相矛盾，不能證明他的觀點一定是錯的。我們可以批評某個人「言行不一」，但不能以此質疑他的邏輯。同時，當有人用訴諸反詰的謬誤來批駁我們的觀點時，我們也要意識到，這是一種邏輯謬誤。

訴諸反詰是指向對方提出反詰，用對方的行為去批駁對方的觀點，或把對方推向某個處境。

19 訴諸沉默

「不說話，肯定就是你弄壞的」

這裡有三組情境對話，看看是否有似曾相識之感？

情境一：

A：「我們家的電視機怎麼沒有畫面了？」

B：「……」

A：「不說話，肯定就是你弄壞的！」

情境二：

A：「你會西班牙語嗎？」

B：「學過幾年。」

A：「你能不能幫我翻譯兩頁東西？」

B：「不好意思，我手裡有工作，你問問別人吧！」

A：「看，你是心虛了吧。」

情境三：

A：「你打錯的字，是你潛意識裡想表達的東西。」

B：「不一定吧，就算是相同的按鍵順序，用不同的輸入法，打出的字也不一樣。所以，打錯的字，未必就是潛意識裡的想法。」

A：「如果不是潛意識想表達的，為什麼會打錯？」

B：「那我就不知道了。」

A：「所以，打錯的字，就是潛意識想表達的東西。」

看完上述的三組對話，不少朋友可能會感慨，遇到像A這樣的人，真的是「氣死人不償命」。他們總是秉持著這樣的態度——你不說話，就是默認了！

這就是典型的訴諸沉默，屬於一種實質謬誤，即由於論點的主張者沒有論證該論點，從而推論該論點是假的。實際上，論點的主張者沒有論證其論點，可能有多方面的原因；論點的主張者沒有論證其論點的這個行為，並不能成為該論點為假的理由。

舉個最簡單的例子：員警審訊嫌疑犯的時候，嫌疑犯沒有說話，但是員警不能就此認為，嫌疑人是有罪的。因為沉默不代表有罪，嫌疑人有權保持沉默。生活中，希望我們都能認清這一邏輯謬誤，少犯一點兒這樣的錯誤。

訴諸沉默是指由於論點的主張者沒有論證該論點，於是便推論該論點是假的。

20 訴諸勢力

「如果你不想被開除，就得遵守這個規定」

二十幾年前，在我表妹就讀的中學有一項規定：所有的女生都必須留短髮。表妹愛美，遲遲不肯剪髮，結果遭到了訓斥：「如果妳不想被退學，就必須遵守這個校規。」無奈之下，表妹只好忍痛剪去了長髮。

雖然現今這樣的校規幾乎消失，不過類似的情形卻沒從生活中消失。國慶假期的前一天，老闆召開會議，並且在會議上宣佈：「這個假期我們就正常來上班，大家沒意見吧？」

底下坐著的都是員工，面對老闆提出的加班要求，沒人敢當場抗議說：「國慶日是國家法定假日，加班必須付三倍工資。」員工就算心裡這麼想，也不會講出來。更多的時候，員工會回答：「沒問題。」

前面提到的校規，後面講到的假日加班，他們都是同樣的套路：「如果不想被開除或被解雇，就得遵守學校或公司規定。」這就是在訴諸勢力，也就是在說服別人的時候，不是透過邏輯推理證明自己的觀點，而是透過自己所擁有的勢力、權力，迫使別人屈服。

面對這樣的情況，我們該怎麼做呢？是不是就得聽老祖宗的忠告——「人在屋簷下，不得不低頭」？這候需要審時度勢，根據具體情況而定。

就國慶日加班這件事而言，倘若老闆和顏悅色地跟大家商量，告知近期公司業務繁忙，需要大家齊心協力、犧牲一點個人時間來成就集體的利益，那麼在這樣的情況下，老闆就不算是訴諸勢力，因為他有說明事實、講出一個道理在，而且是為了全體的公司利益，屬於正常的說服。

倘若老闆沒有交代任何的原因和理由，就提出要在假期中加班，而員工已有其他安排，這時候，就可以跟老闆協商。需要注意的是，如果我們想要說「不」，就得拿出充足的理由，並且講究說話的方式與方法。

我們可以私下找老闆，誠懇地說：「我想跟您商量一件事情。我很想依照公司的安排來加班，可是我之前和父母說好了，國慶假日要回家一趟，看望他們。我已經一年沒有回去了，今年父親身體也不太好，他們都很想我，我也已經提前一週就訂好了車票，您能准我假嗎？下次公司調休時，我可以把這些工作補回來，或者假期後每天多加一個小時班，把這幾天的工作補回來，保證不影響工作進度。」這樣合情合理的理由，老闆多半不會拒絕。

提出訴諸勢力，是想提醒大家，面對「人在屋簷下，不得不低頭」這種情況，我們需要審時度勢，不要不經思考就做出慣性選擇。倘若過分「低頭」和「屈服」，就很容易喪失自我、喪失自尊。面對無關緊要的問題，可以妥協，但面對影響到人生大事的問題，就要敢於說「不」，據理力爭爭取自己應有的權益。

面對訴諸勢力的這個邏輯謬誤，我們需要審時度勢，而不要不經思考就做出慣性選擇。

21 動機論

「無利不早起，他這麼做一定有所圖」

我們提倡，人應當具有批判性的思維，多一點質疑精神，這樣才不會輕易被事物的表象所迷惑，可以更加理性地看待問題，從而發現事情的真相，或者看到事物的本質。然而，現實中卻有不少懷疑主義者，他們以不信任的態度面對生活中的一切，別人做任何事情，他們都會懷疑對方動機不純、另有所圖。

之前曾有三名學生捐出自己存了十幾年的壓歲錢，共計五十多萬元，設立了一個「青春之光愛心專項基金」。這原本是一件好事，捐款的三名學生中，年齡最大的也不過十四歲，他捐出的數額是二十五萬元；他的弟弟捐贈了二十萬元，剩餘的五萬元是他的同學所捐。

做慈善事業，原本是一件好事，這種事情不分對象、形式與捐贈數額大小。

可就是這樣一件好事，到了某些人嘴裡，卻變成了「另有所圖」。

有人說，這兩個孩子家境優渥，這麼做是在為將來出國留學、申請世界名校鋪路，設立基金也不過是為了給自己「貼金」，顯得人格高尚。

還有人說，對於有錢的家庭來說，捐贈這點錢根本不算什麼，但是能給孩子換一個好的前途，就是一項值得的投資。等孩子達到了出國的目的，這個慈善事業也就終結了，所謂的專項基金更將不復存在。

更有甚者，有人認為孩子的父母一定是昧著良心賺了很多的錢，因為心裡不踏實，過不去，才以孩子的名義來做慈善，為的就是找回內心的平衡，換一種方式來救贖自我，以圖心安。

中國有句古語叫「以小人之心，度君子之腹」，把這句話放在上面的處境中，真是再合適不過了。他們的這種懷疑主義，是一種典型的動機論，屬於邏輯謬誤。這與科學精神中強調的質疑精神，以及思想家的質疑精神，有著本質上的區別。

科學裡的質疑都是有前提條件的，它們有充足的理由，建立在實證和理性的基礎上。反觀上述的這些猜測，根本沒有任何的實證和理性，只是主觀地、盲目地猜想他人的意圖，甚至有無中生有、指鹿為馬、肆意詆毀之嫌。

科學的懷疑，是以客觀事實為基礎，以實驗和檢測為手段，合理、有根據地提出懷疑。我們在生活中也要避免動機論，凡事都要講究事實，提出的猜測和質疑也要有依據、有線索、有佐證，不能全憑主觀臆斷妄加揣測，這樣才能做出更貼近事實的判斷。

動機論與科學精神中強調的質疑精神，有著本質上的區別。科學裡的質疑是有前提條件，而動機論的猜測並沒有任何的實證和理性，只是主觀地、盲目地猜想他人的意圖，

22 訴諸權威

「這是有名的人說的，難道也是錯的嗎？」

「為什麼你突然迷上香水了？」

「可可・香奈兒說了，不用香水的女人沒有未來。」

這樣的對話、這樣的情景，相信我們一定不會陌生，身邊的人，乃至自己，可能都做過類似的事。我們想解釋一件事，往往喜歡引用名人的話，特別是各行各業的一些領袖人物說過的話，來支持自己的觀點。會這麼做的原因就是，這些人本身具有強大的影響力和說服力，適當地引用，做為補充、充實證明論題的論據，有一定的可取價值。

不過，我們需要注意的是：如果在論證的過程中，不重視收集和列舉其他事實或普遍規則來做為證據，那麼即便是名人或權威人士說的話，也不一定就代表真理，因為它本身還存在著侷限，應當受到邏輯與實踐的拷問。

就拿上面的這番對話來說——「可可・香奈兒說了，不用香水的女人沒有未來」，我們都知道，可可・香奈兒是時尚界的名人，但是她說的這句話，是否能代表事實與真理呢？

誠然，香水可以為女性增添魅力，但並不是每一個成功的女性，都喜歡用香水；也不是每一個用了香水的女人，都可以藉助香水的魅力，獲得一個美好的未來。如果僅僅憑藉可可・香奈兒的那句話來支撐「不用香水的女人沒有未來」這個論題，顯然缺乏足夠的論據。

在邏輯學中，以權威人士的隻言片語為論據來肯定一個論題，或者以權威人士從未提出過某命題為論據來否定一個論題，都是訴諸權威的謬誤。但是因為權威具有相對性、多元性、可變性，以及時效性，所以這就提醒我們，在引用權威的時候，一定要注意以下三點。

第一，所訴諸的權威必須是論題所在領域的權威。正所謂，隔行如隔山，某一個專業領域的權威人士，不一定對其他領域的問題也精通。倘若是文學領域的問題，引用軍事領域權威者的話來做論據，就不是在恰當的領域訴諸真正意義上的權威。

第二，不要訴諸「過期的」權威，要注重權威的時效性。如果，忽略了時代的變革和發展，就等於是在時間靜止中看待問題，犯了形而上學的錯誤。

第三，所訴諸的權威，其秉持的觀點要在諸多權威中間形成普遍共識。如果只是某一權威人士的個人意見，或者權威人士之間存在異議，那就不適宜將其作為論證的論據。

總之，我們要警惕訴諸權威的謬誤，對權威者說的話要多一些反思，少一些盲從。

訴諸權威的謬誤是指，以權威人士的隻言片語為論據來肯定一個論題，或者以權威人士從未提出過某命題為論據來否定一個論題。

23 重複謊言

「謊言重複一千遍，也不會變成真理」

《史記・秦始皇本紀》中記載過一個「指鹿為馬」的故事：

秦朝二世的時候，宰相趙高掌握了朝政大權。他擔心群臣中有人不服，就想出了一個辦法。有一天上朝時，他牽來一隻鹿，告訴秦二世說：「陛下，這是我向您獻的名馬，一天可以走千里，一夜可以走八百里。」秦二世聽後，大笑道：「丞相啊，這明明是一隻鹿，你卻說是馬，真是錯得太離譜了。」

趙高辯解說：「這的確是一匹馬，陛下您怎麼說是鹿呢？」

秦二世覺得詫異，就讓文武百官來評判。大家都知道，說實話會得罪宰相，說假話又是欺君，就都默不作聲。這時候，趙高手指著鹿，盯著大臣們問道：「大家看看，這樣身圓腿瘦、耳尖尾粗，不是馬，是什麼？」

大臣們都畏懼趙高的勢力，知道不應答不行了，就紛紛附和說是馬。趙高很得意，秦二世也被弄糊塗了。明明是鹿，為什麼大家都說是馬呢？他心中的想法開始動搖，以為那真的就是一匹馬。

聽起來似乎有點兒可笑，可這樣的情況，並不只是個例子。

在《戰國策・秦策二》中，也有一個類似的故事：曾子名叫曾參，曾經住在一個叫作「費」的地方。在那裡，有個人與曾子同名同姓。有一天，那個曾參殺人了，有人就跑來告訴曾子的母親，說曾參殺人了。曾子的母親很淡定，說：「我的兒子是絕對不會殺人的。」說完，她就若無其事地繼續織布。

沒過多久，又有一個人跑來告訴曾參的母親，說曾參殺人了。曾參的母親心中雖有疑惑，但是篤信兒子的品行，於是依舊淡定地繼續織布。

沒過幾天，又有人跑來告訴曾子的母親，說曾參殺人了。這一回，曾子的母親怎麼也坐不住了，心裡擔憂得要命，扔下織布的梭子就跑了出去。

兩個不同的故事，有著如出一轍的寓意：眾人的言論，往往能混淆是非。就像納粹德國時期的宣傳部部長保羅・約瑟夫・戈培爾（Paul Joseph Goebbels）

所說：「謊言重複一千遍就是真理。」事實上，我們也看到了，謊言不需要重複一千遍，只需要重複個三遍，就可能讓人信以為真。這是不是有點詭異？

不斷地重複一個虛假的觀點，哪怕沒有進一步提供論證或支持證據，也可以削弱論敵的反駁。為什麼會這樣呢？因為，不斷地重複會增加邏輯的合理性，讓人誤以為事實就是那樣。有些說謊者會為此感到得意，認為可以用自己的偽邏輯控制別人的思想，但事實真是這樣嗎？謊言真的可以變成真理嗎？

肯定不能！我們要警惕，這其實是一種錯誤的邏輯。沒有進一步闡述論點，再多重複的謊言也跟事實無關。這種謬誤只不過是在訴諸心理因素，而不是訴諸理性。重複謊言的謬誤是在否認事實，百般抵賴，甚至是睜眼說瞎話。但謊言終究是謊言，雖能蒙蔽一時，卻永遠無法變成正確的邏輯，終會被事實粉碎。

謊言重複再多遍，且沒有進一步闡述論點，還是跟事實無關。這種謬誤只不過是在訴諸心理因素，而不是訴諸理性。

24 強制推理

「開這麼好的車，肯定是父母有錢」

當我們走在路上，看到一個年輕女孩開著一輛豪華名車，身邊總會有這樣的聲音冒出來：「開這麼好的車，父母肯定是做生意的」「她這麼有錢，肯定很霸道」……說這些話的人，對自己的觀點深信不疑，但是從邏輯學上來講，這其實是強制推理。

所謂強制推理，就是把不同的事物錯誤地勉強連結在一起，從而得出結論。看似是結論，但是其實沒有任何意義，完全是偽冒理論依據，歪曲事實。

以上面的例子來說，「開這麼好的車，父母肯定是做生意的」，這兩句話之間，完全沒有任何的必然連結，卻被說話者強行拉到一起。試問：開好車的人，父母一定都是商人嗎？不一定，好車是關乎車子品牌、價格的問題，父母做什麼工作是關乎職業的問題，兩者之間沒有因果關係，是強行拼湊在一起的，得出的結論自然也是謬論。

我們在生活中要避免用強行推理的思維看待問題，例如說：看到身邊比自己優秀的人，就認為人家有優越的家庭背景；總覺得孩子考上了好大學，將來就一定前程似錦，等等。這些推理都是建立在不合邏輯的連結關係上的，得出的結論自然不一定是準確的。

真正理性的做法是，客觀地觀察和總結事物之間的關係，不摻入主觀的看法，不把沒有邏輯關係的兩件事強拉在一起。這樣的話，就可以有效規避強制推理的錯誤了。

強制推理是指把不同的事物錯誤地勉強連結在一起，從而得出結論。看似是結論，但是其實沒有任何意義，完全是偽冒理論依據，歪曲事實。

25 因果混淆

「太陽傍晚下山，是因為保姆阿姨回家了」

有一個喜歡思考的孩子，注意到了這樣一個現象：

每天早上，太陽都會升起，到了傍晚，就會落下山去，但不知道它藏到哪裡了。為了弄清楚太陽到底去了哪兒，這個孩子在每天太陽下山的時候都會盯著太陽看。可是，無論怎麼觀察，他依然找不到問題的答案。

後來，這個孩子又注意到了一件事，他家的保姆阿姨，也是早上出現在他家，到了傍晚時離開，然後就不見了。孩子好奇地問：「阿姨，您晚上去哪兒了？」保姆告訴他：「孩子，阿姨晚上回家了。」

就這樣，孩子把保姆阿姨的來去和晝夜更迭連結在一起，得出了一個結論：因為保姆阿姨回家了，所以太陽也回家了。

孩子的想法頗具童真的味道，不過這樣的邏輯錯誤，不只發生在孩子的頭腦中。許多成年人，也喜歡把「接連發生」的事件引為環環相扣、互為因果。實際上，這種思考問題的方式是錯的，屬於因果混淆。事物之間有相關性，並不能證明它們存在因果關係。有時候，兩者之間的因果恰恰相反，或者兩者之間根本沒有任何關係。

我們經常會在生活中聽到或看到這樣的推理：

——研究發現，越是成功人士，睡眠時間越短。

——研究發現，越常去醫院，越容易生病。

——研究發現，兒童時期吃青花菜越多，成年後的職業收入往往也越高。

事實上，這些推理都存在嚴重的邏輯錯誤，就是我們在前面所說的因果混淆。照這樣的說法，要是不睡覺，是不是就能變成富豪？就算生病了，也別去醫院？現在賺錢少，是因為小時候吃的青花菜太少？這裡的事件之間都只是相關關係，而這種相關關係，是推理不出因果關係的！

把相關關係與因果關係混淆，是人們經常會犯的錯誤，也是很危險的一件事。

儘管原因先於結果出現，但先於結果出現的還有許多其他因素，而其中有很多並不是引發結果的原因。我們在分析事物時，一定要謹慎，不能把巧合的相關關係視為因果關係。否則的話，就會做出錯誤的判斷。

以後在生活中，如果有人向我們指出兩件事情之間有相關性，並且假設它們為因果關係，請務必記得問一句：「還有沒有其他原因可以解釋這種關係？」

事物之間有相關性，並不能證明它們存在因果關係。有時候，兩者之間的因果恰恰相反，或者兩者之間根本沒有任何關係。

26 慣性思維（鳥籠邏輯）

「掛一個鳥籠，就一定要養鳥嗎？」

很多女性朋友喜歡買衣服，而且有過這樣的購物體驗：看到一件上衣正在打折，價格非常合適，就忍不住買了。回家之後，穿著這件上衣照鏡子，忽然覺得好像沒有合適的褲子搭配。怎麼辦？難道要把新買的衣服送人？想想又捨不得。結果，為了要搭配這件上衣，只好又去買一條褲子。

為什麼會出現這樣的情況呢？其實，這就是被稱為人類無法抗拒的十大心理之一——「鳥籠邏輯」。有關鳥籠邏輯的故事，我們在此簡單描述一下。

甲對乙說：「如果我送你一個鳥籠，掛在你家最顯眼的地方，保證沒多久你就會去買一隻鳥回來。」乙不信，說：「養鳥多麻煩，我不會做這種傻事。」

於是甲就去買了一個漂亮的鳥籠掛在乙的家中。接下來，只要有人看見那個鳥籠，就會問乙：「你的鳥什麼時候死的，為什麼死了？」不管乙怎麼解釋，客人還是很奇怪，如果不養鳥，掛個鳥籠幹什麼？最後，人們開始懷疑乙的腦子有問題，乙只好去買了一隻鳥放進鳥籠裡，這樣總比無休止地向大家解釋要簡單得多。

人們在遇到某一問題時，通常都會先入為主地按照自己熟悉的某個方向或途徑去聯想，把自己遇到的問題納入自己熟悉的框架內進行思維分析，從而讓思維形成一種慣性。就上述的故事來說，人們習慣性地認為，只有鳥才會生活在鳥籠裡，有鳥籠就證明養過鳥。實際上，這是一種邏輯謬誤。

如果一個鳥籠設計得精巧漂亮，完全可以當成一件藝術品，未必要用來養鳥；結婚不一定要先買房，可以先租房，以後再購屋，……不用慣性思維去看待問題，偶爾嘗試著突破鳥籠邏輯，也許我們就會發現其他不錯的選擇。

鳥籠邏輯是人類無法抗拒的十大心理之一，是指把自己遇到的問題納入自己熟悉的框架內進行思維分析，從而讓思維形成一種慣性。

27 訴諸出身

「有其父必有其子，是不是真的呢？」

你一定聽過這句話：「龍生龍，鳳生鳳，老鼠的兒子會打洞」，並且在生活中也看到過，有些子女與父母在某種能力或性格上的確存在相似性，然而很多人太過於「迷信」這句話了，甚至將其做為推斷一個人道德、品行、能力、成就的依據，這就犯了訴諸出身的邏輯謬誤。

我們可以透過兩個真實的例子，詳細瞭解一下訴諸出身的問題。

故事一：趙奢是趙國名將，英勇善戰，曾為趙國立下了汗馬功勞，深得趙王器重。趙奢有個兒子叫趙括。在秦國攻打趙國時，趙王就犯了訴諸出身的錯誤。他認為虎父無犬子，有趙奢這樣的父親，趙括應該是青出於藍而勝於藍。

於是趙王下令，讓趙括取代廉頗與秦軍作戰。趙括取代廉頗後，調整了廉頗的所有作戰方針。趙括求勝心切，立刻派兵出擊，秦軍佯裝敗走，趙軍火速追趕。結果趙軍掉進了秦國將軍白起設置的包圍圈。這就是著名的的「長平之戰」。

其實，在趙王準備起用趙括的時候，趙括的母親就提出過勸諫，希望趙王不要用她的兒子。然而，趙王一再堅持自己的看法。沒想到，結果真的被趙括的母親言中，趙括兵敗了。

很明顯，趙王是以趙奢的才能來推斷其子趙括的軍事才能，但是這兩者並不存在必然的關係。趙奢有作戰才能，不能推論出趙括也有相同的才幹。想要知道趙括的能力，趙王應當從他的日常行為、帶兵情況，以及對兵法的掌握等技術上去考量，而不能以其出身做為論證的依據。

故事二：新東方創始人俞敏洪是農家孩子，從小就生活在農村。高考連續考了三年，總算圓了自己的大學夢。但在北大上學期間，他卻覺得自己不會有什麼出息，因為長得一般，父母還都是農民，所以他內心很自卑。

那段時間，他特別鬱悶，做什麼都沒有興致。可是後來，他換了一種方式去思考：既然我可以從一個農民的兒子奮鬥成北大的學生，那我能不能從北大奮鬥到更高的地方呢？想到這裡，他又找回了一些自信。

後來的故事，我們都知道了。在回首往事時，俞敏洪這樣說：「每個人都有對未來的期待，對未來的事業、成就和幸福都想要追求，在期待美好未來的同時，每個人都要避免看輕自己。看輕自己是個錯誤，這樣的錯誤是不能犯的，因為人生的起點由不得你選擇，你出生在什麼家庭由不得你選擇。」

人從出生開始，就會受到來自家庭、社會、周遭他人等各方面的影響。這些影響很重要，但是終究只是外因，而非決定性的因素，畢竟人還有主觀能動性。

出身不能代表一個人的品行和能力，出身也無法決定一個人的命運和前途，在評價他人和自我，以及在篩選人才時，我們切記不要犯訴諸出身的謬誤。

以出身做為推斷一個人道德、品行、能力、成就的依據，很容易會犯了訴諸出身的邏輯謬誤。

28 訴諸人身

「我的雞蛋是臭的？你的才是臭的呢！」

德國哲學家黑格爾（Georg Wilhelm Friedrich Hegel）曾經講過這樣一個故事：在賣菜的市場上，有一個女商販正在賣雞蛋。一位女顧客挑選雞蛋後，覺得雞蛋不太好，就抱怨了一句：「妳這雞蛋怎麼是臭的呀？」說完就準備離開，再去別家看看。

沒想到，這句話惹怒了女商販，她大聲斥責：「什麼？我的雞蛋是臭的？妳才是臭的呢！不只妳臭，你爸爸吃了蝨子，你媽媽有小王……妳的裙子和漂亮的大衣，大概也是用床單做的吧？除了軍官的情人，誰會穿成妳這樣……」

想想看，我們的身邊，是不是也發生過類似的情形？當顧客挑選商品，對其品質和價格提出異議時，像是「料子有點薄」、「價錢有點貴」，商家立刻臭臉，用「一看你就不常買東西」、「你可以去買便宜的」這類帶刺的話來反駁，聽了讓人特別難受。他們的這種詭辯，根本不合邏輯，完全是人身攻擊。

從邏輯學上講，如果一個人在駁斥他人的觀點和結論時，忽略論證本身，而故意去攻擊提出該觀點的人或其代表的群體，那就是犯了訴諸人身的謬誤。

訴諸人身的使用門檻很低，可說是我們平常最常見的邏輯謬誤，其形式主要有兩種：

• 直接性訴諸人身

這種謬誤是說，某人身上存在某種積極或消極的特質，所以某人的想法就是正確的或錯誤的。例如：「張某孝順父母，熱衷於慈善事業，所以他說的話肯定是對的。」「這個人以前犯過偷竊罪，他說的話怎麼能是真的呢？」

通常，一個命題或主張之所以正確，是因為它符合事實。我們是否相信某人的說法，並不能夠證明某人的說法是正確或錯誤的。

• 處境性訴諸人身

這種謬誤是說，某人處在某一個群體中，這個群體可能有盤根錯節的利益關係，因而某人的想法就是不客觀、不理性、不中立的。例如：「你是企業家，你說給企業家減稅是因為牽涉到你自身的利益。」「你買了甲公司的股票，當然會說甲公司的股票會漲……」

誠然，當我們考慮某人提出的主張或命題是否正確時，可以去考慮某人是否與那個主張或命題存在某種利益關係，但是對方所在的處境，以及對方與某個群體的利益關係，並不能夠說明某人提出的主張或命題就是錯的。

在拉丁語中，人身攻擊（Ad Hominem）的意思是「向著人」，即反駁的觀點不是針對論敵的論點，而是針對論敵本人，貶低、誹謗對方的思想主張、人格道德，甚至直接給對方貼標籤、惡意謾罵。瞭解這個邏輯謬誤後，我們要提醒自己：辯論某一觀點時，要對事不對人；如果他人對我們進行人身攻擊，不必與其爭論，對這種無理的行為，不必理會。

如果一個人在駁斥他人的觀點和結論時，忽略論證本身，而故意去攻擊提出該觀點的人或其代表的群體，即犯了訴諸人身的謬誤。

29 循環論證

「有意義就是好好活，好好活就是做有意義的事」

以前有一部以軍旅為主題的電視連續劇《士兵突擊》，劇中的主人公許三多，想法簡單，做事認真，他經常把一句話掛在嘴邊：「有意義就是好好活，好好活就是做有意義的事。」

聽起來似乎有那麼點道理，但仔細琢磨的話，又覺得有點問題。到底什麼是「有意義」？許三多說：「有意義就是好好活。」到底怎樣才算是「好好活」呢？許三多又說：「好好活就是做有意義的事。」

這就如同，我們詢問一個胖子：「你為什麼這麼胖？」他回答說：「因為我吃得多。」你再問他：「你為什麼吃那麼多？」他回答說：「因為我長得胖。」

說來說去，就是同一個主張換湯不換藥地不斷重複，壓根沒給出任何解釋。

類似這樣的情況，其實是犯了邏輯學上循環論證的謬誤，即用來證明論題的論據本身，其真實性要依靠論題來證明的邏輯錯誤。例如，「鴉片能催眠」這個說法，所用的論據是「它具有催眠效用」，而「鴉片有催眠效用」的說法，則又得藉助「鴉片能催眠」來證明。

循環論證的謬誤在於，在論證過程中，它把論證的前提當成了論證的結論，也就是所謂的「先定結論」。即先預設一個前提X，得出一個結論Y，再用結論Y去證明前提X的正確性。

十八世紀蘇格蘭有一位知名的哲學家大衛・休謨（David Hume，1711-1776），他在《論神蹟》中用來推翻神蹟的論點，經常被邏輯學家當成循環論證的典型。在《論神蹟》一文中，他這麼寫道：

「我們可能會總結認為，基督教不僅在最初時是隨著神蹟而出現的，就算到了現代，任何有理性的人都不會在沒有神蹟之下相信基督教。只依靠理性支持是無法說服我們相信其真實性的，而任何基於信念而接受基督教的人，必然是出於腦海中那持續不斷的神蹟印象，得以抵擋他所有的認知原則，並且讓他相信一個跟傳統和經驗完全相反的結論。」

在論證的過程中，休謨提出了幾個論據，且每一個論據都是在為「神蹟只不過是一種對自然法則的違逆，就算是神蹟也不能給予宗教多少理論根據」這一論點提供支持。基於這樣的認識，在《人類理解研究》中，休謨對神蹟做了如此定義：神蹟是對基本自然法則的違逆，而這種違逆通常有著極稀少的發生機率。

由此可見，在檢驗神蹟論點之前，休謨就已經假設了神蹟的特點及自然法則，並且以此為基礎，開始了一段微妙的循環論證。

需要說明一點，循環論證的論點在邏輯上是說得通的，但因為結論可能與前設完全相同，所以結論並不是其前設的推論。在論證的過程中，所有循環論證都必須假設其命題已經成立，所以循環論證本身並不能證明什麼，它不過是用來迴避問題的一個手段。在生活中，我們要學會辨別循環論證，避免被它蒙蔽。

循環論證的謬誤，是指用來證明論題的論據本身，其真實性是要依靠論題來證明。在論證的過程中，它把論證的前提當成了論證的結論，也就是所謂的「先定結論」。

30 稻草人謬誤

「再逼真的稻草人，也不是真實的人」

看到這個題目的時候，各位心裡可能有一個疑問：為什麼要叫「稻草人謬誤」？

很簡單，請大家思考一下，稻草人在生活中是做什麼用的？通常，它會被放在農田或莊稼地裡，穿上人類的衣服，遠遠看去就像一個「真人」。放置稻草人的目的，是因為人們無法時刻守在莊稼地旁邊，只好藉助稻草人這個道具，來嚇走飛禽走獸。

瞭解了「稻草人」的由來與作用，我們再去分析「稻草人謬誤」，就容易多了。在辯論過程中，為反駁對方的立場，而歪曲、誇大或以其他方式曲解之，使被攻擊的不是對方的真實立場，而是更容易被批判或拒絕的立場，這就是稻草人謬誤。

此一謬誤的過程就好比，甲想要反駁乙，就在乙的旁邊故意樹立起一個稻草人代表對方，然後以攻擊稻草人的方式來冒充對對方的觀點進行反駁。稻草人謬誤，通常並不是無心之過，而是刻意歪曲對方的論點，例如像下面這段對話。

甲：「我並不認為孩子應該在大街上亂跑。」

乙：「把小孩關起來，不讓他們出去呼吸新鮮空氣，那真是太蠢了。」

甲的觀點是，孩子最好不要在大街上亂跑，但是乙在反駁甲的觀點時，故意曲解，樹立了一個稻草人──「把小孩關起來」。要避免孩子在大街上亂跑，可以有很多方法，甲從未提過「把小孩關起來」，顯然這就是乙犯的稻草人謬誤。

那麼，如何在生活中最大限度地避免稻草人謬誤的發生呢？

這需要我們站在真實的立場去思考問題，秉持平和的心態，減少歪曲、誇大及以其他的曲解方式來攻擊他人更容易被批判或拒絕的立場，一切用事實和證據說話。當有人對你聲情並茂地講起某件事或某個人時，不要被那些扭曲的、顛倒是非黑白的語言影響。要知道，嚇唬飛禽走獸的那些稻草人，無論看起來多麼逼真，也不是真實的人。我們要用正確的、理性的方式，去對待身邊的所見所聞。

稻草人謬誤是指辯論過程中，為反駁對方的立場，而歪曲、誇大或以其他方式曲解，使被攻擊的不是對方的真實立場，而是對方更容易被批判或拒絕的立場。

31 轉移論題

「駱駝掛鈴鐺和高塔掛鈴鐺，不是一回事」

在《艾子雜說》中，蘇軾提到過這樣一個故事：

有一個腦子不開竅的營丘人，平時很喜歡追著別人問問題，可是對別人的講解，卻又不太能明白，經常會把別人問得煩躁不已。

一天，營丘人問艾子：「拉大車的駱駝，為什麼脖子要掛一個鈴鐺？」

艾子告訴他：「大車和駱駝都是龐然大物，而且經常在夜裡趕路，因為怕狹路相逢，難以避讓，所以就掛個鈴鐺，聽到鈴聲，對方就能做好讓路的準備。」

營丘人點點頭，又問：「高塔上掛鈴鐺，也是為了夜裡行路相互避讓嗎？」

艾子說：「你怎麼這麼不通事理？鳥雀們都喜歡在高處建巢，把鳥糞拉得到處都是，高塔上掛鈴鐺，是為了借風吹響，趕跑鳥雀，這跟在駱駝脖子上掛鈴鐺不是同一回事。」

營丘人撓撓頭，繼續問：「有主人養的老鷹尾巴上也掛了鈴鐺，可沒有鳥雀在老鷹的尾巴上搭建巢穴呀？這又該怎麼解釋呢？」

艾子無奈地說：「你這個人真奇怪，老鷹捕捉小動物，如果一不小心飛進樹林裡，腳被樹枝絆住，只要拍拍翅膀，鈴聲一響，主人就能循著聲音找過去，這跟在高塔上掛鈴鐺防止鳥雀築巢怎麼會是同一回事呢？」

營丘人還是不明白，又問：「以前我看過出喪，前面的挽歌郎唱著歌，搖著鈴，那時候不知道他為什麼要這樣做。現在我明白了，他是為了在自己的腳被樹枝絆住時，能讓人儘快地找到他。」

艾子這時再也忍不住了，惱怒地說：「那是給死人開路！死人活著的時候，喜歡跟別人瞎爭論，所以死後人們搖鈴，是為了讓他開心！」

試想一下，如果我們在生活中遇到像營丘人這樣的人，不知得費多少口舌，生多少氣。在上述的故事裡，他問了艾子好幾個問題，主題都是「掛鈴鐺是為了什麼」。可是，當艾子回答了一種掛鈴鐺的作用時，營丘人就無意識地把它理解成後一種掛鈴鐺也是這個用途。實際上，他已經在不知不覺中轉移了論題。

掛鈴鐺這件事，用在不同的物件上，用途是不一樣的。如果營丘人在得到第一個回答後，再轉入第二個問題、第三個問題，這樣的對話就符合邏輯了。但是，他不明事理，總是把前一種掛鈴鐺的情況跟後一種掛鈴鐺的情況理解為同樣的作用，把不同的論題攪和在一起，這就犯了轉移論題的謬誤了。

所謂轉移論題，就是在思維過程中，把有些連結或表面上有些相似的不同話題，當做相同的話題來使用，從而導致本來該討論的話題得不到進一步討論。像營丘人這樣的情況，是屬於典型的「不開竅」，但是生活中還有一種情況，就是明知道情況是怎樣的，卻故意轉移論題，這就是詭辯了。

明代有一位姓靳的內閣大學士，他的父親不太出名，兒子也不太爭氣，但是他的孫子考中了進士。這位內閣大學士經常責罵他的兒子，說兒子是不成材的東西，不知道上進。後來，兒子實在忍受不了他的責罵，就跟內閣大學士吵了起來。

當內閣大學士指責兒子不成氣候時，兒子說：「你的父親不如我的父親，你的兒子不如我的兒子，我有什麼不成材的呢？」聽完這句話，內閣大學士瞬間被逗笑了。自那以後，他就不再責罵兒子了。

我們都看得出來，內閣大學士要跟兒子辯論的是「兒子是否成材」的問題，但是兒子故意把這個論題轉換成了「你的父親和我的父親相比，你的兒子和我的兒子相比，結果如何」的問題，恰好把內閣大學士原來要辯論的問題迴避了。

在生活中，為了避免犯偷換論題的錯誤，我們必須瞭解清楚自己的批判物件，認真把握批判論題的原意，不能主觀武斷地確定論題的原意，任意地進行批駁。

轉移論題，就是在思維過程中，把有些連結，或表面上有些相似的不同話題，當做相同的話題來使用，從而導致本來該討論的話題得不到進一步討論。

32 訴諸感覺

「刻舟求劍的楚國人，到底錯在哪兒了？」

《呂氏春秋・察今》裡講到過一個「刻舟求劍」的故事：

楚國有一個人坐船渡江。船行駛到到江心時，他一不小心，把隨身攜帶的一把寶劍掉落江中。船上的人紛紛表示惋惜，但是那個楚國人似乎並不著急，他胸有成竹地拿出一把小刀，在船邊刻了一個記號，並向大家說：「這就是我寶劍落水的地方。」

大家都不理解他為什麼這樣做，但也沒有多問。

船靠岸之後，這個楚國人立即從他刻記號的地方下水，去撈取掉落的寶劍。撈了半天，也不見寶劍的影子。他覺得很奇怪，自言自語道：「我的寶劍明明就是從這裡掉下去的呀，我還在這裡刻了記號，怎麼會找不到呢？」

至此，船上的人紛紛大笑起來，說：「船一直在行進，你的寶劍卻沉入了水底不動，你怎麼可能找得到那把劍呢？」

這個故事我們並不陌生，「楚國人找不到寶劍」的結局也在意料之中。不過問題是，為什麼這個楚國人會犯如此愚蠢的錯誤呢？原因就在於，他忘了自己當時的處境是坐船渡河，而根據了自己平時在岸上的經驗，以為劍在什麼地方掉下去，順著這個位置下去尋找，就一定能找到。他忽略了，隨著船的移動，記號的位置與寶劍落水的位置，早已經產生了差異，而他只是根據以前的經驗想當然地行事，所以才鬧了笑話。

這種憑藉表象與感覺經驗想當然地做出判斷或推理，以為感覺經驗之類的東西是絕對可靠，以其作為論據來進行論證的情況，即屬於訴諸感覺的邏輯謬誤。儘管經驗有一定的價值，很多時候也是正確的，但是經驗也要經得起推敲。如果以經驗代替邏輯，難免就會犯錯。

戰國時期的思想家列子，曾經寫過一篇散文，名為《兩小兒辯日》。一日，孔子向東遊歷，看到兩個小孩在爭辯，就過去詢問原因。

一個小孩說：「我認為太陽剛剛升起來的時候，離人更近一些，中午的時候離人更遠一些。」另一個小孩的想法則恰恰相反，他說：「太陽剛升起來時，離人更遠一些，中午的時候離人更近一些。」孔子聽後，讓兩個小孩各自說一說理由。

一個小孩說：「太陽剛出來時，像車蓋一樣大，到了中午卻像一個盤子。遠時看起來小，近時看起來大，這不就能證明早上太陽離人近，中午離人遠嗎？」另一個小孩說：「太陽剛出來時天有點兒涼，到了中午卻很熱，這不是近時熱、遠時涼嗎？」

聽完這兩個孩子的話，孔子一時間也說不出到底誰對誰錯。

為什麼孔子沒辦法斷定這兩個小孩誰是誰非呢？原因就在於，這兩個孩子的結論都是以感覺經驗為論據的，而且這些論據都源自於生活經驗。當時的科技條件有限，孔子尚無法從科學上對太陽有更多的了解，也只能憑藉生活常識來訴諸感覺，所以他無法判別哪一種說法才是正確的。

上述的故事都是要提醒我們，在生活中要盡可能地避免訴諸感覺。只憑狹隘的感覺經驗想當然是這樣，就會陷入邏輯謬誤中。很多時候，僅僅憑藉感覺做出的結論，看起來似乎是合情合理的，結果卻是會與事實大相徑庭。

儘管經驗有一定的價值，很多時候也是正確的，但是經驗也要經得起推敲。如果以經驗代替邏輯，難免就會犯錯。

33 預設謬誤

「你的假設有問題，別想誤導我」

生活中，有一些論證是依賴於假設的，也就是用那些被認為理當如此的、有力的預設或背景信念去做論證。但是，如果論證一個存在爭議的信念理當如此時，它就犯了預設謬誤。

所謂預設謬誤，簡單來說，就是假設不正當，卻還是透過精確的論證來表述。換言之，假設本身就是有問題的，所以結論也不成立。這一個謬誤包含多種形式，我們可以結合一些例子分別來看一下。

●預設謬誤形式一：爭議前提

在許多有關衝突議題的日常論證中，爭議前提的謬誤比較常見。

前提1：在墮胎的過程中，胎兒被故意殺害了。

前提2：胎兒是無辜的人。

前提3：故意殺害一個無辜的人是謀殺。

結論：墮胎屬於謀殺。

我們來看看這個例子，前提1是沒有異議的，但是前提2和前提3卻存在爭議：胎兒到底是不是人呢？這是有爭議的，故不能用來做為論據，除非已經有充分的理由來支持這些前提。要避免這樣的謬誤，我們就要保證前提不含有任何衝突的語句。

• 預設謬誤形式二：竊取論題

竊取論題的謬誤，通常是要求聽者直接接受結論，而未給出任何真正有價值的證據，故意隱去某個重要卻存在爭議的假設。換句話說，如果一個論證把它著手證明的結論假定為一個前提，那它就是竊取論題。

——為什麼中國人愛說謊？

顯然，看到這個論題時，我們應當論證的是「中國人是否愛說謊」，可是假若說話者直接把「中國人愛說謊」這個命題當做事實來提問，其後也只就「為什麼」來作答，而不去論證「中國人是否愛說謊」，這就會成為竊取論題。

●預設謬誤形式三：複雜問句

複雜問句，是以問句預設了某些假設為真的方式來詢問。這種謬誤詢問了一個只能用「是」或「否」來回答的問題。當一個問句是複雜的，而且掩藏著多個預設時，就必須逐個否定，不然就會導致對其他假定的肯定。

清朝時發生過這樣一件事，兩個差役對龐振坤說：「你家養的賊，偷了這一帶財主的東西，現在在衙門候審。」龐振坤一聽，就知道是他之前得罪過的財主故意想要陷害他。他想，賊應該不認識他，於是就跟著差役去了衙門。

到了街上，他向熟人要了一個紙盒，套在頭上，把臉遮住，只留著兩個眼睛。來到大堂上，他對縣官說：「家裡養了賊，實在沒臉見人，所以才用紙盒遮住。」

縣官問賊：「這就是你的主人？」

賊說：「是的。我在他家已經三年了。」

這個時候，龐振坤問那賊：「我龐振坤沒什麼名氣，但是我這個臉上的龐大麻子是遠近聞名的。你在我家裡住了三年，你說說看，我是大麻子還是小麻子？是黑麻子還是白麻子？」

賊愣了一會兒，心想，還真是個厲害的角色，我得說一個「活話」。於是，賊回答說：「你這個麻子，不大不小，不黑不白。」

這時，龐振坤取下紙盒，說：「縣太爺，您看我臉上，哪兒有麻子？」

原來，這個賊是財主買通的一個地痞流氓。結果，此人被判了誣陷罪。

我們看得出來，龐振坤詢問賊的那一句話——「我是大麻子還是小麻子，是黑麻子還是白麻子」，就是一個複雜問句。無論對方怎麼回答，都相當於承認了這一虛假的預設，即「主人臉上有麻子」。

在生活中，當有人向我們提出這種複雜問句時，一定要注意辨別其中所包含的預設的真假。因為詭辯者通常為了達到詭辯目的，會刻意製造複雜問句，誘惑我們落入對方的陷阱。反之，如果我們身處需要辨別真偽的場合，也可以用複雜問句來探聽虛實。

●預設謬誤形式四：虛假選言

眾所周知，選言是有兩個命題或「選言支」（連結兩個子命題）的複合命題。所謂虛假選言，就是一種推理錯誤，會影響選言前提的論證。

當論辯者給出一個選言前提，而該前提表達了窮盡的、不相容的選言支時，我們必須判斷實際情況是否是這樣。

——要嘛所有英國大學都把科目完全轉變成線上課程，要嘛所有英國人都將破產。

這個論證就犯了虛假選言的謬誤，因為前提的假設是不可靠的。

要避免虛假選言，我們在評估一個具有選言前提的論證時，要考慮以下三點：

1. 斷言所提供的兩個極端選言支是不是僅有的可能選擇？

2. 選言支是否被假設為不相容？
3. 1和2在事實上是否為假？

如果所有的答案都為「是」，那麼這個論證就犯了虛假選言的謬誤。

•預設謬誤形式五：例外謬誤

例外謬誤是削弱論證的另一種預設謬誤，即當一個論證判定某個情況符合某個普遍規則或原則，但是事實上這是一個例外情況時，該論證就犯了例外謬誤。

假設，某人做了這樣一個推理：

——狗是友好的動物。
——我的皮皮是一隻狗。
——皮皮是一隻友好的動物。

假設，皮皮最近咬了某人的六個朋友，以及三個陌生的路人，那我們要如何判斷這個論證？通常來說，「狗是友好的動物」是真的，但是這個規則對於皮皮來說並不適用，某人並沒有注意到這一點，忽略了這個規則也有例外情況。所以，他的推理屬於例外謬誤。

在生活中，我們要如何避免例外謬誤呢？

不妨牢記一點：通常為真的原則可能並不總是真的，有時也有例外。即使是最佳的原則也有例外，並且如果一個原則被濫用，就會產生例外謬誤。

預設謬誤簡單來說，就是假設不正當，卻仍然透過精確的論證來表述。換言之，假設本身就是有問題的，所以結論也不成立。

34 訴諸後果

「這樣的結果很可怕，你自己估量估量」

相傳，美國因為參戰的需要，曾經動員大批的年輕人入伍，但是很多美國青年過慣了安逸舒適的生活，害怕戰場上的危險，紛紛抵制徵兵令。

為此，美國各州的行政首長很苦惱，不知該如何向上級交代。其中俄亥俄州的地方首長，先後被參謀長聯席會議主席狠狠地訓斥了五次。可是即便如此，他還是表示無能為力，說自己已經盡了最大的努力，但無論如何也無法說服那些懦弱且意見紛雜的年輕人。

後來，有一位士兵毛遂自薦，說他可以幫助行政首長解決難題。俄亥俄州的行政首長半信半疑，在沒有其他辦法的情況下，只好讓這位士兵一試。

經過一番準備後，這位士兵來到了徵兵現場發表演講。他說：「親愛的朋友們，我和你們一樣，都非常珍惜自己的生命。我想說的是，熱愛生命是無罪的，因為每個人的生命只有一次。摸著良心說，我也十分厭惡戰爭，恐懼死亡，如果要求我去前線，我也會跟大家一樣，逃避這項命令。」

底下的年輕人見他說的話很「貼心」，便也安靜下來，聽他後面想講什麼。

這位士兵繼續說道：「有時候，我們需要換位思考。假如，今天我是置身在你們的處境之中，我在擔心參軍的危險之餘，是還會存在一種僥倖的心理，而且這種僥倖心理並不是憑空捏造的，請聽我解釋：如果我服兵役，上前線打仗的機率是百分之五十，那麼還有百分之五十的機率留在後方；即使得上前線，那麼我作戰的機率是百分之五十，還有百分之五十的機率是成為某位長官的貼身勤務兵，留在安全區工作；萬一我不幸必須拿起槍上戰場，那麼我受傷的機率仍是百分之五十；就算我不幸受傷，受重傷的機率依然是百分之五十，還有百分之五十的機率是受到輕傷，死神不會眷顧我。所以，我有什麼理由過分擔心呢？」

稍作停頓之後，這位士兵繼續講：「也許有人會說，萬一運氣不好，受了重傷怎麼辦？我想告訴各位，醫生會幫助我們，從死神的手裡奪回我們的性命。

當然，如果我的運氣糟糕透了，不幸為國捐軀，那麼我的家人會為我感到驕傲，我的父母會被授予一枚特別的勳章，還能夠領取到一筆數額可觀的保險金和撫恤金，鄰家的孩子們會把我當成英雄一樣崇拜。當我以一名勇敢的戰士來到天堂時，說不定還可以見到受萬人敬仰的喬治・華盛頓將軍（George Washington，於一七八九年成為美國首任總統）。」聽完這些話，底下的年輕人受到了莫大的鼓舞，他們表示願意賭一把。也許，他們是想成為英雄，被親人、朋友、鄰居銘記於心；也許是他們家境不好，想著萬一為國捐軀，還能給家人留下一筆可觀的撫恤金……不管怎樣，他們真的被說服了。

這位說服了年輕人入伍的士兵，後來也得到了俄亥俄州行政首長的重用。從演講方面說，他的確懂得換位思考的藝術，所說的話也有一定的代入感和影響力，不過從邏輯學上講，我們要把他稱為「詭辯大師」。因為，他的那番精彩的演講，存在著一些邏輯謬誤，話裡話外都是在弱化戰爭的危險，強調入伍從軍的好處。

讓我們看看他的邏輯謬誤都藏在什麼地方：

——「如果我服兵役，上前線打仗的機率是百分之五十，那麼還有百分之五十的機率留在後方。」

這是不符合邏輯的，因為上前線作戰的士兵與留在後方的士兵數量之比例，不是絕對的一比一，上前線的士兵人數肯定比留在後方的人數多，這就意味著，上前線的機率肯定要大於百分之五十。

——「即使得上前線，那麼我作戰的機率是百分之五十，還有百分之五十的機率是成為某位長官的貼身勤務兵，留在安全區工作。」

這也是一個謊言，因為上前線的士兵數量與留在後方的士兵數量不是相同的，前者的數量遠大於後者，所以上前線作戰的機率也會遠大於百分之五十。

由此可見，上前線作戰的機率是很高的，而這也是美國政府徵兵的主要目的。可是在這段演講中，「上前線作戰」卻被演說者弱化成了「百分之五十的機率」，這個數據資料具有很大的欺騙性。另外，他所做的「不幸受傷」、「受重傷」、「為國捐軀」等假設，也都是在強調相形之下比較好的結果，畢竟身亡後可以成為英雄，為家人留下撫恤金。

這種以討好或不討好的結果說服他人的方式，就叫做訴諸後果，屬於邏輯謬誤的一種。因為，詭辯者不是透過正常的邏輯來證明自己的觀點，以達到說服他人的目的，而是透過告知被說服者會有怎樣的後果，以達到引誘、哄騙、威逼等目的，最終讓被說服者屈服於自己的觀點。

訴諸後果是屬於邏輯謬誤的一種，因為不是透過正常的邏輯來證明自己的觀點，而是透過告知會有怎樣的後果，以達到說服他人的目的。

35 否定前件

「我不想出國，所以沒必要學英語」

堂弟不喜歡學英語，每次講到學英語的好處時，他都會搬出這樣的一套邏輯：「如果一個人想要出國，那麼他就要學習英語；如果一個人不想出國，那麼他就沒必要學英語。我不想出國，所以沒必要學英語。」

我們在生活中肯定也聽過類似的論調，甚至我們自己偶爾也會在不經意間冒出這樣的話。可是不得不說，這其實是一個典型的邏輯謬誤，也就是「否定前件」。

什麼叫否定前件呢？在「如果……那麼……」的論證結構中，「如果」的部分是前件，「那麼」的部分是後件。通常來說，前件是來證明後件的，而且兩者不能顛倒。

以堂弟的那番話來說，「如果一個人想要出國，那麼他就要學習英語」，這是一種肯定前件的推理，也就是「因為想要出國，所以要學習英語」。謬誤的產生，往往是肯定後件，使用後件來倒推出前件；或者是否定前件，得出與後件相反的結論。

（Ｘ）肯定後件：因為他學習英語，所以他一定是想要出國。

（Ｘ）否定前件：因為我不想出國，所以沒必要學英語。

從本質上說，肯定後件與否定前件是一致的，都是說話者用來混淆視聽的。我們很容易就能夠發現這裡存在的問題：學習英語的人，一定是想要出國嗎？不想出國的人，難道就沒必要學習英語嗎？除了出國以外，工作和旅行不也需要英語嗎？抑或是，有的人就是單純喜歡英語，也是可以去學習的。

否定前件之所以說不通，是因為它只給了事件一個原因，而這個事件通常還有很多其他的原因。然而，這個謬誤自動排除了其他可能的原因。

我們可以再看下面這個例子：

——「如果我吃太多，就會生病。因為我沒有吃太多，所以我不會生病。」

吃太多與生病之間，有直接的關係嗎？生病的原因有很多，可能是淋雨著涼了，可能是被傳染了流感，還可能是突發意外，這些都可能引發疾病。

在「如果……那麼……」的論證結構中，我們可以肯定前件，也可以否定後件，這都說得通。但是，肯定後件和否定前件，就會出現謬誤。

以下面這個論證為例：

——「如果他游得太慢，就會輸掉比賽。」

（✓）肯定前件：「因為他游得太慢，所以他會輸掉比賽。」

（✓）否定後件：「因為他沒有輸，所以他游得不是太慢。」

第一種論證方式叫「肯定前件假言推理」；第二種論證方式叫「否定後件假言推理」，這兩種方式都是有效論證。但如果是下面這樣的形式，就屬於謬誤了。

（X）肯定後件：「因為他輸掉了比賽，所以他游得太慢。」

（X）否定前件：「因為他沒有游得太慢，所以他沒有輸掉比賽。」

思考一下：事實真的如此嗎？不盡然。

輸掉比賽的原因有很多，可能是身體不舒服，無法發揮出正常的水準；也可能是遇到的對手太強，他盡力了，游得比平時都好，然而結果還是輸了，這都是有可能發生的。

再者，就算他沒有游得太慢，也不一定就不會輸掉比賽。原因同上。萬一他中途腿部抽筋了呢？萬一他因身體不適放棄比賽了呢？這些意外狀況，也都是有可能發生的。因此，肯定後件和否定前件，都是會導致邏輯謬誤的。

邏輯謬誤的產生，往往是肯定後件，使用後件來倒推出前件；或者是否定前件，得出與後件相反的結論。

36 機械類比

「東施效顰，為什麼越鬧越醜？」

春秋末年，越國出了一位美女，名叫西施。這個女子長得亭亭玉，婀娜多姿。一日，西施突發心痛病，胸口疼痛難忍，只見她用手按住胸口，愁眉蹙額，從村裡走過。村裡人見她那副表情，覺得比平時更有一種嫵媚的風姿。

同村的醜女東施，聽到眾人讚揚西施的美貌，誤以為是西施愁眉蹙額的緣故。於是她也學著西施的模樣，故意用手按住胸口，緊皺眉頭，慢吞吞從村裡走過。

誰知村裡人見到她這副樣子，一個個躲得老遠，或是關上大門，覺得她是醜人多作怪，誰也不願意多看一眼。有位不怕得罪人的老婦，當面挖苦她說：「哈哈，妳皺眉的時候，眉頭上的皺紋更深了，捂住胸口彎著腰，就像個老太婆。」

東施原本是想效仿西施的美，結果反而遭到了恥笑，為什麼會這樣？從邏輯學上講，東施是犯了機械類比的謬誤，也就是僅僅根據兩個或兩類事物的一些表面相似的屬性，就推斷出它們也擁有其他相似的屬性。

東施之所以越鬧越醜，就是因為她只知道西施捂住胸口、皺著眉頭的樣子好看，卻不知道西施的美是客觀存在的，是多方面的條件決定的，而不只是按住胸口、愁眉蹙額的緣故。東施忽視了自身的條件，生搬硬套，效仿西施的動作，結果弄巧成拙，反倒鬧了一個大笑話。

類似的鬧劇，遠不止東施效顰一齣。

春秋時期，宋國有個年輕人外出求學多年，回家後看到母親，竟然直呼母親的名字。母親很詫異，也很生氣：「你這孩子，去外面求學多年回來，應該更知書達理才是，怎麼學成歸來後，竟然連母親都不叫了，你這書是怎麼讀的？」

年輕人理直氣壯地說：「直呼母親的名字有什麼不對嗎？天下的聖賢，沒有誰比得過堯和舜，可是我們都是直接稱呼他們的名字；天底下的事物，沒有什麼比得上天和地，可是我們也是直呼。母親論賢德，超越不過堯和舜；論地位，大不過天和地，所以，我直呼母親的名字，又有什麼錯呢？」

聽起來是不是很可笑？這完全就是「書呆子」的情景再現。

我們看一下這年輕人的邏輯：堯和舜是聖賢，可以直呼其名，沒人說不對；天和地為世上最大，可以直呼其名，也沒人說不對。天底下最聖賢的人和最崇高的物都可以直呼其名，那麼，對賢德與地位比不上堯舜和天地的母親，自然也可以直呼其名。

類比是一種推理方法，是進行說服和教育的有力工具，但是在應用類比推理的過程中，類比前後的事物，一是必須要有盡可能多的共同性，二是兩個事物的本質屬性與結論之間，也要具備一定的必然關聯。這個年輕人，把母親與堯舜和天地進行類比，完全不顧及母親與另外兩者之間的共同性其實是微乎其微，而且沒有必然的關聯。明明是他自己犯了機械類比的謬誤，卻還振振有詞。

在應用類比推理的過程中，類比前後的事物，一是必須要有盡可能多的共同性，二是兩個事物的本質屬性與結論之間，也要具備一定的必然關聯。

37 無理假設

「如果再給我一次機會，我一定……」

看過周星馳的電影《大話西遊》的朋友，一定還記得至尊寶那段深情的獨白：「曾經，有一份真摯的愛情擺在我面前，我沒有珍惜，等到失去才後悔莫及，人世間最痛苦的事莫過於此。如果上天能再給我一次機會，我會對那個女孩子說三個字：我愛妳。如果非要給這份愛加上一個期限，我希望是一萬年。」

這份告白聽起來真摯動人，又帶著絲絲的傷感與悔恨，實在令人感動。可是，然後呢？還是要面對錯過與失去的現實。說到底，這不過是一種美好的假設，可是現實是無法改變的。退一步說，就算假設成真了，難道他說的一切都能兌現嗎？

在邏輯學上，科學的假設是一種方法，可用於各個領域的研究。但是，如果假設不科學，就像上面的那段告白一樣，完全是用來安慰自己的內心，平緩情緒、表達悔恨的……這樣的假設就屬於謬誤，是徹頭徹尾的無理假設。

生活中，我們有時會看到一些與家庭暴力有關的社會新聞話題，施暴者在實施暴力行為後，通常會向受害者表示「悔意」，大致的論調就是：「我不是故意的，如果再給我一次機會，我一定不再打你，我保證……」言辭之懇切，態度之真誠，往往就讓受害者的心軟了下來，繼而選擇相信。

後來的情況又是如何呢？想必各位也能猜到，絕大多數的施暴者在下一次情緒失控時，依然會重複過去的行為，甚至變本加厲地毆打對方。他們當初的假設，完全是虛無縹緲的。在他們假設之後，在他們得到原諒之後，一切仍然一如從前。

這也提醒我們，面對一些人悔恨時的假設，要保持冷靜和理智的態度，切不可輕信和心軟。要知道，那有可能是一種邏輯謬誤。

在邏輯學上，如果假設不科學，這樣的假設就屬於謬誤，即為無理假設。

38 雙否定前提

「雙重否定等於肯定，是這樣的嗎？」

——所有哺乳動物都是溫血動物。

——貓是哺乳動物。

——所以，貓是溫血動物。

上述的這個推論，是典型的三段論，即先列出陳述（通常是兩段），也就是前提（大前提是「所有的哺乳動物都是溫血動物」，小前提是「貓是哺乳動物」），在這兩個前提的基礎上，最後推論出「貓是溫血動物」的結論。

現在，換一種方式：假如兩段前提都是否定的，能否據此有效地得出結論呢？

——小陳不能加入居委會。

——居委會不能加入企業組織。

——所以，小陳不能加入企業組織。

很明顯，這個論證是不成立的。雖然小陳不能加入居委會，居委會也不能加入企業組織，但是小陳做為社會成員，是能以應聘的方式加入企業組織的。

——有些不喜歡吃甜食的人比較瘦。

——有些抽菸的人不喜歡吃甜食。

——所以，有些抽菸的人比較瘦。

很明顯，這個論證也是不成立的。前面兩個否定的陳述，並沒有說明抽菸者的任何問題。有些抽菸的人比較瘦，可能是健康有問題，跟吃甜食沒什麼關係。

總之，如果兩段前提都是否定的，我們並無法據此有效地得出結論。至於人們常說的那句「雙重否定等於肯定」，在邏輯學的三段論中，顯然是不成立的。

「雙重否定等於肯定」這句話，在邏輯學的三段論中，是不成立的，因為兩段前提都是否定的，並不能否據此有效地得出結論。

39 不當周延

「所有的天鵝，都有白色的羽毛」

——所有的白天鵝都是天鵝。

——所有的白天鵝都有白色的羽毛。

——所以，所有的天鵝都有白色的羽毛。

咦，有沒有發現，前面兩句話讀起來沒什麼問題，但是最後這個結論卻很怪？我們知道，世界上不只有白天鵝，黑天鵝也是天鵝，而牠們的羽毛是黑色的。

為什麼會出現這樣的謬誤呢？有一個關於論證的規則是這樣說的：如果在結論之中，有一個用語提到整個類別，那麼指向結論的證據必然會清楚地告訴我們這整個類別。如果一個論證破壞這個規則，那就犯了不當周延的謬誤。

以上述的例子來說，前提只提到了整個類別中的某一部分（所有的白天鵝，是天鵝類別的某一部分），結論卻涵蓋了該類所剩下的部分（所有的天鵝，既包括白天鵝，也包括黑天鵝），這就導致論證產生謬誤。

再看下面這個論證，也是我們在生活中經常會聽到的說法。

——所有騎腳踏車的人都是節儉的人。

——沒有企業老闆是騎腳踏車的。

——所以，沒有企業老闆是節儉的。

上面這個論證其實有明顯的謬誤。企業老闆是否騎腳踏車，跟他是否節儉沒有直接關係；從邏輯學上分析，這個論證在前提中講到，騎腳踏車的人是懂得節儉的類別中的一部分，但是結論卻說，整個懂得節儉的類別裡沒有企業老闆，這顯然是不成立的。

在很多情況下，詭辯者會巧妙地利用不當周延來呼嚨人，導致聽者很難發現論證的不合理，甚至覺得還挺有道理。在日常生活中，我們要注意這種謬誤。

在結論中，有一個用語提到整個類別，那麼指向結論的證據必然會清楚指出這整個類別。如果有某個論證破壞此規則，即為不當周延。

40 羅素悖論（「理髮師悖論」）

「所有的克里特人都是說謊者」

某個城市裡有一位理髮師，為了招攬生意，他想到了一個主意，在理髮店門外的牆上掛了一幅宣傳海報，上面寫著：「本人理髮技藝高超，譽滿全城。我將為本城所有不給自己理髮的人理髮，我也只替這些人理髮。我真誠歡迎各位朋友到店享受我的理髮服務。」

這一招很奏效，理髮師的門店中經常坐滿了等候理髮的客人。有一天，理髮師無意間在鏡中瞥見自己的頭髮長了，他本能地拿起剪刀，準備給自己理髮。這時候，他忽然想起自己門店外掛著的那幅宣傳海報，拿著剪刀的手就停在了空中。

如果他替自己理髮，那他就成了「給自己理髮的人」，這樣的話，他就不應該給自己理髮；如果他不為自己理髮，那他就屬於「不給自己理髮的人」，這樣的話，他就應該為自己理髮。

上面的這個小故事，是羅素在一九〇一年提出的一個悖論，叫作「理髮師悖論」，也稱「羅素悖論」。什麼是悖論呢？就是指邏輯上可以推導出相互矛盾的結論，但是在表面上又可以自圓其說的命題或理論體系。

羅素悖論是一個集合論悖論，它的基本思想是：對於任意一個集合A，A要嘛是自身的元素，要嘛不是自身的元素。下面我們藉助這個理髮師的故事，做一個詳細的闡述。

如果把每個人看成一個集合，這個集合的元素被定義為這個人理髮的對象。那麼，根據這個推理，理髮師在海報上所宣稱的，他的元素是城裡不給自己理髮的那些集合，且城裡所有不給自己理髮的人的集合都屬於他。那麼，問題來了，他是否屬於自己理髮的物件呢？他能不能給自己理髮呢？

這樣的情況，遠不止一例。

古希臘的預言家、詩人埃庇米尼得斯（Epimenides）曾經也提出過一個廣為流傳的悖論：「所有的克里特人都是說謊者。」為什麼說這句話是一個悖論呢？

因為埃庇米尼得斯本人，就是一個克里特人。那麼，他說的這句話，到底是真是假呢？

如果誠實的人是指從來不說謊話的人，那麼誠實者始終說真話，說謊者始終說謊言。照此推理，埃庇米尼得斯說的「所有的克里特人都是說謊者」，這個結論在邏輯上就是自相矛盾的，也是錯的。

我們來推論一下：如果這句話是真的，那麼埃庇米尼得斯做為一個克里特人，他講了真話，這顯然與命題是不符的；如果這句話是假的，那麼克里特人就並非都如埃庇米尼得斯所說的那樣全都是說謊者，那麼這個命題顯然也是錯的。所以，無論怎麼推理，他這個觀點都是自相矛盾的，都逃不出悖論的怪圈。

一位年輕人想去愛迪生的實驗室工作，為了博得愛迪生的好感，這位年輕人信口開河，他說：「我即將發明出一種萬能溶液，它可以溶解任何物品。」

愛迪生聽後，微微一笑，回應說：「好吧，請你先回去製造出一個能盛放這種溶液的器皿再說。假如造好了，那你就可以到我的實驗室來工作。」

年輕人聽了這番話，滿臉通紅，立刻向愛迪生道歉，而後悻悻然地離開。他意識到，自己說的話有很大的漏洞，而且被愛迪生拆穿了。任何溶液都需要用器皿來盛放，如果這種溶液真的可以溶解一切物體，那到底有沒有可以盛放它的器皿？如果有能夠盛放它的器皿，那它還能不能稱得上是萬能溶液？

看了這些和悖論有關的故事，很多人可能會覺得，這是一種語言遊戲，或者說是一種詭辯術，沒有任何實際意義。其實不然，悖論的提出和解決，是人類智慧的閃光，也是科學發展的酵母，它在不斷啟發著人們進行更加深入的思考。

悖論是指邏輯上可以推導出相互矛盾的結論，但是在表面上又可以自圓其說的命題或理論體系。

41 排中律

「波西亞的肖像藏在哪個彩盒中？」

《威尼斯商人》是英國劇作家威廉・莎士比亞（William Shakespeare，1564-1616）創作的諷刺性喜劇，裡面有這樣一個情節：

生活在貝爾蒙莊園的波西亞，是一個年輕漂亮的姑娘。她家境殷實，本身才華橫溢，有不少人慕名而來想求婚。不過，波西亞的父親在臨終前立下過一個遺囑，要求「猜盒為婚」，不然的話，波西亞就無法得到父親遺產的繼承權。

父親準備了一個金盒子、一個銀盒子，還有一個鉛盒子，其中只有一個盒子裡裝著波西亞的肖像。金盒子上面刻著「肖像不在此盒中」；銀盒子上刻著「肖像在金盒子中」；鉛盒子上刻著「肖像不在此盒中」——這三句話只有一句話為真。

波西亞的父親留下遺言，如果求婚者根據上述的三句話，準確猜中哪個盒子裡裝著波西亞的肖像，那他就可以迎娶波西亞。除此之外，求婚者在猜之前，還要答應兩個條件：第一，必須宣誓，如果沒有猜中，絕不告訴其他人自己猜的是哪一個盒子；第二，必須宣誓，如果沒猜中，將永遠不得娶妻。

很多人看到這樣的條件，擔心自己猜不準後得要付出巨大的代價，就退縮了。只有一些真心喜歡波西亞的小夥子，選擇留了下來。很可惜，沒有一個人猜對。

最後，有一位威尼斯的青年來到這裡，他深深地喜歡上了波西亞。這個聰明又自信的年輕人，在思考了一番之後，對波西亞說：「肖像在鉛盒子裡。」波西亞非常驚訝，打開了鉛盒子，肖像果然在裡面。

波西亞被青年的智慧折服了，兩人決定結婚。她好奇地問這位青年：「你是怎麼猜到的？」

青年笑著說：「我是推論出來的。金盒子和銀盒子上的話相互矛盾，那麼必然有一句是真的，而三句話中有一句為真，那麼真話就在這兩個盒子上，而鉛盒子上的話肯定就是假的。鉛盒子上說『肖像不在此盒子中』，就說明肖像一定在此盒子中。」

其實，青年所用的推論方式，就是邏輯思維中的「排中律」。

排中律既是事物的規律，也是思維的規律，通常被表述為「A是B，或A不是B」。

任何一種事物在某一時刻，一定會具有某一個屬性，或者不具有該屬性，必須滿足二者之一，絕不會有其他可能。一個判斷或反映事物的本質，或者不反映事物的這種本質，二者必有其一，沒有其他可能。對相互矛盾的兩個命題，也要做出排他的選擇，要嘛為真，要嘛為假，不允許同時肯定或同時否定。

以「波西亞的肖像藏在哪個盒子中」這個命題為例，我們來看看使用排中律來推論的過程。

假設肖像藏在金盒子裡，那麼金盒子上的話肯定就是假的，銀盒子上的話就是真的。若是如此，鉛盒子上的話也是真的。但波西亞的父親已經告知「這三句話只有一句為真」，這就跟推論結果相互矛盾。

假設肖像在銀盒子中，那麼銀盒子上的話肯定就是假的。這樣一來，金盒子和鉛盒子上的話就是真的，這也跟已知條件相矛盾。

假設肖像在鉛盒子中，那麼金盒子上的話就是真的，銀盒子和鉛盒子上的話就是假的，這與已知條件相符。所以，肖像一定就藏在鉛盒子中。

在生活中，排中律有什麼用途呢？或者說，我們在什麼情況下可以用到排中律？

我們要知道，排中律要求在同一思維過程中，兩個相互矛盾的判斷不能同時都為真，其中必有一假；也不能同時都為假，應必有一真，即「不能兩可」或「兩不可」。另外，也不可以含糊其詞，不做任何表態。

我們來看下面的這組對話——

甲：「你昨晚去酒吧了嗎？」

乙：「誰說我去酒吧了？」

甲：「你昨晚沒去酒吧？」

乙：「我可沒說我沒去。」

甲：「那……你到底是去了，還是沒去呢？」

在這裡，乙明顯是故意採取模棱兩可的態度來迴避問題。當然了，去沒去酒吧不是什麼大的問題，在此只是做一個案例呈現。然而如果我們遇到的是一些重要的是非問題，就要旗幟鮮明，要讓說話者做出非此即彼的抉擇，而不能似是而非。

排中律要求在同一思維過程中，兩個相互矛盾的判斷不能同時都為真，其中必有一假；也不能同時都為假，應必有一真，即「不能兩可」或「兩不可」。

42 充足理由律

「為什麼是這樣，而不是那樣呢？」

在十七世紀末、十八世紀初，德國哲學家萊布尼茨（Gottfried Wilhelm Leibniz，1646-1716）在《單子論》（Monadologie）中，提出這樣一個觀點：「我們的推理，是建立在兩大原則之上的，即矛盾原則和充足理由原則。憑著這兩個原則，我們認為任何一件事，如果是真實或實在的，提出任何一個問題或命題是真的，就必須有一個充足的理由來證明為什麼是這樣而不是那樣。」

充足理由律是邏輯思維必須遵循的基本規律之一，它是指在論證和思維過程中，要確定一個判斷為真，必須有足夠證明它真實的理由；如果缺乏充足的理由，那就沒有論證性。正確的思維是思路嚴謹的思維，論證的過程要呈現事實、講出道理，言之成理，持之有故，以理服人。

現實中，經常有人會犯違背充足理由律的邏輯謬誤，主要表現在以下三個方面。

• 毫無理由

顧名思義，毫無理由就是不講任何理由，沒有任何依據就下結論。例如說，快要下班的時候，老闆突然宣佈：「今天所有人留下來加班兩小時」，但是沒有說明加班原因。對這樣的情況，員工自然不情願：你讓我們加班，總得要給出個理由呀？

• 理由虛假

理由虛假是指對一個命題提供了理由，可是這個理由是主觀的，是不存在的或虛假的理由。例如，某高中生說：「籃球運動員個子都比較高，所以經常打籃球可以長高。」在這個命題中，某高中生認為，經常打籃球是長高的原因，然而事實上，籃球運動員個子高，並不是經常打籃球可以長高的可靠論據，這不過是某高中生的主觀臆想。

•論證錯誤

論證錯誤，是指證明命題的理由是真實的，但是理由與推斷出的結論之間，沒有必然的關聯。例如，《登徒子好色賦》中講到，宋玉在楚王面前指責登徒子是好色之徒，理由是：登徒子的妻子長相醜陋、彎腰駝背，還有疥瘡。如此醜陋的婦人，登徒子卻十分喜愛，並與她生了五個兒子，可見登徒子是一位好色之徒。

在上述的論證中，儘管宋玉提出的登徒子的妻子相貌醜陋是事實，但喜歡容貌醜陋的妻子，並不能說明登徒子一定就是好色。宋玉的理由和結論之間，沒有必然的關聯。

在邏輯思維的過程中，無論是提出問題還是面對爭議，都要找到充足的理由來證明其真實不虛。結論是否正確，關鍵就在於理由是否扎實。有充足的理由，才能說服他人。

充足理由律是邏輯思維必須遵循的基本規律之一，它是指在論證和思維過程中，要確定一個判斷為真，必須有足夠證明它真實的理由。

43 範疇錯誤（範疇失誤）

「媽媽，師範大學在哪兒呢？」

一位媽媽帶著年幼的孩子去師範大學參觀，他們一起遊覽了校園，看到了教學大樓、操場、圖書館，也看到了學生和老師。可是這個時候，孩子卻問了一句讓人哭笑不得的話：「媽媽，師範大學在哪兒呢？」

在這個情況中，孩子把大學和自己所參觀的個別設施放在了同一個範疇裡。年幼的孩子並不知道，大學和他所看到的教學大樓、操場、圖書館等個別設施，是一種包含與被包含的關係，而他卻將其視為並列關係，這就是邏輯學上的範疇錯誤。

範疇錯誤，也稱為範疇失誤，是指將既有的屬性歸屬到不可能擁有該屬性的物件上，是語義學或存在論的錯誤。例如，下面這幾句話，都屬於範疇謬誤。

——「曹雪芹是一個天文學家。」

——「哈佛大學的面積排名第幾?」

——「濱海公園裡有獅子和老虎嗎?」

曹雪芹是《紅樓夢》的作者,他是一個文學家,但不是天文學家;哈佛大學是世界名校,它的面積大小不影響其在世界名校中的地位和影響力;濱海公園是一個露天的公園,不是動物園,不可能有獅子和老虎出沒。

小孩子經常會犯範疇錯誤,因為他們不諳世事,對很多常識尚不瞭解,也不太懂得分門別類,或是無法用心體會多個並列關係組合起來的綜合性範疇。做為成年人,雖然我們很少犯簡單的範疇錯誤,但是在向他人提問之前,最好也要三思一下,儘量別犯類似的錯誤,以免貽笑大方。

範疇錯誤,也稱為範疇失誤,是指將既有的屬性歸屬到不可能擁有該屬性的物件上,是語義學或存在論的錯誤。

44 斷章取義

「天才是百分之一的靈感加上百分之九十九的汗水」

一位學生在作文中引用了愛迪生的話作為論據，他寫道：「偉大的發明家愛迪生說過，天才是百分之一的靈感加上百分之九十九的汗水。可見只要足夠勤奮、足夠努力，就能成為天才。」

老師看過這篇作文後，把這句話標了出來，並批註道：「請查看愛迪生的完整原文。」

愛迪生的完整原文是怎麼說的呢？我們一起來看看——「天才是百分之一的靈感加上百分之九十九的汗水，但那百分之一的靈感是最重要的，甚至比那百分之九十九的汗水都要重要。」

很明顯，愛迪生的原文強調的是靈感的重要性，可是那位學生在作文中只引用了這句話的前半部分，進而強調勤奮努力的作用，這與愛迪生的原意相差甚遠。

類似上述這樣的例子，不顧他人整篇文章或他人講話的真實內容，孤立地截取其中的一句或一段來進行分析，曲解原意，進而加以攻擊，就犯了斷章取義的謬誤。生活中，我們經常會聽到或看到一些名人的名言，而那些名言卻總是由於各種原因被斷章取義。

★斷章取義1：「知識就是力量。」

真實的原文：「知識就是力量，但是更重要的是運用知識的技能。」

這句話是法蘭西斯・培根（Francis Bacon，1561-1626）的名言，他強調的是運用知識的技能，但是在被人們斷章取義後，卻變成了過分強調知識本身，顯然屬於斷章取義。

★斷章取義2：「吾生也有涯，而知也無涯。」

真實的原文：「吾生也有涯，而知也無涯，以有涯隨無涯，殆已。」

這句話出自《莊子》，其意是說：人的生命是有限的，知識是無限的，用有限的生命去追求無限的知識，那是很危險的。莊子想要告訴世人的是，生命有限，不能沒完沒了地去追求無限的知識，我們要學會區分，有用的知識是越多越好，沒用的知識越少越好。可是被人們斷章取義之後，卻只剩下了前半部分，與莊子真實的原意恰恰相反。

看到這裡，希望大家能夠有所反思：想引用名言警句做為論據時，應該看看完整的原文內容，不要犯斷章取義的謬誤。

斷章取義的謬誤是指，不顧他人整篇文章或講話的真實內容，孤立地截取其中的一句或一段來進行分析，曲解原意。

45 歧義句構

「嗯？有兩個報社的記者參加……」

系上秘書開會回來，向主任彙報：「今天的活動有兩個報社的記者參加。我們系上辦的活動很快就要上報了。」秘書同時還露出得意的笑容。

聽完彙報的主任，此時卻皺著眉頭問道：「有兩個報社的記者參加……這句話有問題啊，我聽了半天，也不知道有多少記者參加這次活動！」

秘書一琢磨，還真是這樣，自己說的話存在嚴重的歧義。幸好，她只是口頭彙報，要是把這句話寫在報告裡，發佈在學校的官網上，那才是鬧笑話呢！

在邏輯學上，由於語句中的語法結構具有不確定性而導致判斷產生的歧義，叫做歧義句構。秘書在彙報時提到「兩個報社的記者」，裡面就含有語法結構的不確定性，既可理解為兩個記者（同一家報社），也可以理解為記者（數量不確定）來自兩個報社，所以是犯了歧義句構的邏輯錯誤。

我們再來看一個例子。兒子正在看書，媽媽問他說：「你在看的是什麼書？」兒子回答說：「我在看一本現代戰爭小說，特別精彩。」這個回答讓媽媽一頭霧水，見兒子看得正起勁，也就沒再往下問，但其實她依舊不知道兒子看的是什麼書？

問題與上述故事中的如出一轍。兒子的回答是「現代戰爭小說」，這裡含有語法結構的不確定性，既可以理解為描寫戰爭（現代或古代均可）的現代小說，也可以理解為描寫現代戰爭的小說，也難怪母親會聽得一頭霧水。

要消除歧義句構，最好的辦法就是改變原來的表述方式，讓其具有確定性。例如，秘書可以對主任說：「今天的活動，有兩位記者參加」，或者「今天的活動，有兩家報社的記者參加」；兒子在回答母親的問題時，可以說：「一本現代的戰爭小說」，或者「一本關於現代戰爭的小說」。這樣的話，聽者就明白知道對方在說什麼了。

歧義句構是指語句中的語法結構具有不確定性而導致判斷所產生的歧義。要消除歧義句構，最好的辦法就是改變原來的表述方式，讓其具有確定性。

46 隱含命題

「那裡的老鼠沒有一隻是駝背的」

有句話說：「聽話聽聲，鑼鼓聽音。」意思就是，聽人說話的時候，為了準確把握對方的思想，要聽明白對方真正想表達的內容，不能只聽對方話語表面的意思。很多時候，別人說的一句話中，實則隱含著另一句話；別人說的一個命題中，實則暗藏著另一個命題。類似這樣的情形，就稱為「隱含命題」。

隱含命題在生活中很實用，運用得當了，既可以委婉表達自己的意見，又不至於因直言而得罪人。在很多交際場合，它可說是一種高明而幽默的表達方式。

某位喜劇演員在一次活動中，諷刺他住的一家旅館太過低矮，老鼠成群。他說：「我住的旅館，房間又小又矮，連老鼠都是駝背的。」旅館老闆聽後，特別生氣，說要上法院控告這位演員詆毀旅館的聲譽。

這位演員擔心事情鬧大了不好收場，就連忙表示願意道歉更正，他說：「剛剛我說，我住的旅館房間裡的老鼠都是駝背的，這句話說錯了。我想說的是，那裡的老鼠沒有一隻是駝背的。」

很巧妙的更正，對吧？他說「那裡的老鼠沒有一隻是駝背的」，這個命題中，其實就隱含了另一個命題：「我住的旅館裡有很多老鼠。」表面看起來，他是在道歉更正，但其實還是堅持了自己前面所說的，再一次諷刺了旅館的條件差。

無獨有偶，不同人的經歷，雖不完全重疊，卻總少不了相同的韻腳。

著名的美國科幻小說作家菲利普・狄克（Philip Kindred Dick，1928-1982）曾到鄉下體驗生活，搜集寫作素材。抵達某個地方後，天色已晚，他決定住宿。這裡的條件不好，且只有一家旅館。朋友提醒過他，這種小旅館條件差，悶熱潮濕，而且蚊子特別厲害，晚上根本無法睡覺。

狄克沒有當回事，但是他到櫃台登記時，剛好有隻蚊子在眼前飛舞。他微笑著對旅館人員說：「早聽說你們這裡的蚊子很聰明，今日一見，果然名不虛傳。牠們居然懂得提前來查看我的房號，以便晚上光臨，好好享受一頓美餐。」

聽了狄克這番幽默的言辭，旅館人員不禁被逗笑了。結果那天晚上，狄克睡得特別好，房裡一隻蚊子也沒有，因為旅館人員提前把牠們「趕」出了房間。

狄克沒有直截了當指出旅館蚊子太多，而是採用隱含命題的方式，說蚊子提前來查看房號，以幽默的方式引起旅館人員的注意，間接提醒對方，蚊子可能會影響客人休息，同時又強調了一下自己的房號，讓旅館人員主動做好滅蚊工作。如此溝通的方式，既沒有跟旅館吵得面紅耳赤，又在風趣中達成自己的目的。

巧妙運用隱含命題，有助於我們平順地解決問題，減少不必要的爭執；而善於發現和分析隱含命題，也有助於我們探究出事情的真相。

某個火車站曾經發生過這樣一件事：一位旅客忽然發現自己的手提包不見了，他看見前面有一個穿黑色大衣的人正拎著他的手提包往前走，就趕緊跑過去責問：「你為什麼拿我的手提包？」那人一愣，而後說了一句：「不好意思，我拿錯了。」然後趕緊把手提包還給那位旅客，並且往車站大門走去。

這一幕剛好被警察看在了眼裡。他緊隨那個穿黑色大衣的人出了車站，走上前去問他：「你自己的手提包呢？」那人猝不及防，頓時慌了神色，說不出話來。

把他帶到車站派出所查問後，警察發現那個人是一個慣竊。

警察為什麼會對這個穿黑色大衣的人產生懷疑呢？原因是他說了一句「拿錯了」。「錯」是相對「對」而言的，「拿錯手提包」這個命題中，隱含著另一個命題：「存在著一個他應該拿對的手提包」。警察憑著自己豐富的經驗，聽出了這個隱含命題，同時他也看到，穿黑色大衣的人把旅客的手提包歸還後，並沒有去找自己的手提包，反而是匆匆忙忙地走出車站。警察從這裡看出破綻，因此產生了懷疑。

上述的這些案例都在提醒我們，在人際交往和生活、工作中，要善於發現、分析、運用隱含命題。這不僅有助於建立融洽的人際關係，也能在一些別有用心之人的話語中，找出漏洞和破綻，發現事實和真相。

巧妙運用隱含命題，有助於我們平順地解決問題，減少不必要的爭執；而善於發現和分析隱含命題，也有助於我們探究出事情的真相。

47 同構意悖

「套用你的話，看你還能怎麼狡辯」

故事一：

在一個寒冷的冬日清晨，長工老李披了一件羊皮褂子在院子裡掃雪。財主「周扒皮」起床後看見了，就想趁機挖苦老李，他大聲說：「嘿，老李，你身上怎麼長出了一張獸皮？」老李笑了笑，回答說：「老爺，你身上怎麼長出了一張人皮？」

片刻後，周扒皮才回過神來，氣憤不已，可又只能自認倒楣。

故事二：

古希臘的雅典有一位聰明機智、能言善辯的演說家，他四處發表演說，雄心勃勃地想獲取功名利祿。一日，他的父親對他說：「孩子，你再這樣下去，不會有好結果的。若是說真話，富人會怨恨你；而若是說假話，窮人又會指責你。但既是演講，不講真話就得講假話，所以，你不是遭到富人的仇恨，就是遭到貧民的反對啊！」

演說家聽了父親的話，笑答：「父親，我會有好結果的。如果我講真話，窮人就會擁護我；如果我講假話，富人就會支持我。既然是演說，不是講真話，就是講假話，可是無論我講什麼話，不是得到窮人的擁護，就是得到富人的支持，我有什麼好擔心的呢？」

故事講完了，不知道你有沒有看出，兩則故事的「相同」之處？

無論是長工老李，還是古希臘雅典的演說家，他們在回話的時候，都套用了對方的語法結構和語調形式，卻表達出了與對方相反的意思，讓對方無話可說。

這種仿照對方辯詞的話語結構，建構一個與對方話語結構相同、但是語意完全相悖的觀點，並以此反制對方的方式，就叫做「同構意悖」。由於是按照對方的話語結構和思維邏輯推導出的結果，所以面對這樣的反制，對方通常無言以對，只能啞然無語，無力反駁。

在委內瑞拉的一個小鎮上，某大漢酒後尋釁滋事，被人告上了法庭。他預感到法官要懲罰他，就選擇先發制人，說：「我想向法官提幾個問題。」

這個請求得到了法官的允許。

——「我如果吃了沙棗，有什麼不好嗎？」

——「沒什麼不好。」

——「如果我再喝些水，有罪嗎？」

——「無罪。」

——「然後，我躺在地上曬一會兒太陽，算不算犯法？」

——「不算。」

——「那為什麼我喝了一點用棗加上水釀成的東西，然後在街上曬一會兒太陽，你們就說我有罪呢？」那人最後拋出了這個問題，質問法官。

法官想了想，沒有直接回答他的問題，而是來了一番反問。

——「先生，現在我想向你提出幾個問題，你能認真回答嗎？」

——「你隨便問。」

——「如果我向你潑一點水，會導致你受傷嗎？」

——「不會。」

——「如果我往你頭上倒一些黏土，會導致你殘疾嗎？」

——「當然不會。」

——「那麼我把這些黏土和水摻在一起做成磚頭，再放在太陽底下曬一曬，然後用它打你的頭，會有什麼樣的後果呢？」

——「這肯定會打破我的頭啊，還用問嗎？」

——「雖然水和黏土都不會傷到你，但是用水和黏土做成的磚頭會砸破你的頭；同樣，喝點水、吃點沙棗不違法，但是用這種沙棗和水釀成的酒，會讓你喪失理智，尋釁滋事，觸犯法律。」

此時，大漢一句話也說不出來了，只好乖乖地聽候法官發落。

法官很清楚，對一個蓄意胡攪蠻纏的酒鬼講法律，沒什麼效用。於是，法官巧妙地運用了「同構意悖」的方式，仿照對方提問的話語結構和思維邏輯，建構出了相對應的一套提問，對對方進行反制，推導出對方強詞奪理，而酗酒肇事的罪名成立的結論。

在運用同構意悖的時候，我們不必考慮所使用的話語結構是否正確，是有效還是無效，只要跟對方的話語結構相同，就能達到反擊的效果。因為使用這一詭辯的目的，不在於重新「立」一個論點，而是要「破」掉對方的詭辯。如此，就可以達到「以子之矛攻子之盾」的效果，讓對方啞口無言。

同構意悖是指，仿照對方的話語結構和思維邏輯，建構一個與對方話語結構相同、但是語意完全相悖的觀點，以此加以反制。

48 分解問題

「說了半天，跟什麼都沒說一樣」

曉新：「美婭，今天週五了，晚上一起吃個飯吧？」

美婭：「好啊！難得放鬆。」

曉新：「妳想想，我們晚上吃什麼？」

美婭：「嗯……吃火鍋怕上火，日本料理太寒，自助餐一頓下來熱量爆表……吃中餐的話，不少餐廳都需要等位子，也很麻煩。」

曉新：「妳說了半天，跟什麼都沒說一樣。」

美婭：「我剛剛說了呀！」

曉新：「妳根本沒有回答我，講了一大堆，但等於什麼都沒說一樣。我是在問妳，晚上想要吃什麼？去哪裡吃？」

美娅：「必勝客有點遠，海底撈人太多，離我們最近的迴轉壽司已經吃過好幾次了。」

曉新：「好了，別說了，隨便挑個地方吧！」

美娅：「我不是說了嘛……」

曉新：「算了，算了，今天不約了。」

像上面這樣的情境，任誰是曉新，都會被鬧得心煩。不過，問題真的就只出在美娅身上嗎？身為提問者的曉新，就沒有值得反思之處嗎？當然不是。誠然，美娅沒有弄清楚曉新的問題，曉新說的是「晚上吃什麼」，並不是讓美娅羅列出各種選項，而是讓她做一個決定。可是，美娅卻理解成，曉新是要讓自己一一列出來，結果兩人鬧得不歡而散。但是這不全是美娅一個人的責任，曉新在提問的時候，也沒有做到準確無誤，讓對方輕鬆理解。

從邏輯學上講，出現這樣的情況，跟不會分解問題有很大的關係。在日常生活中，我們既要學會分解自己的問題——為的是讓別人更清楚理解我們的問題；也要學會分解他人的問題——為的是減少答非所問的狀況發生。

那麼，具體該怎麼做呢？我們把重點放在提問方的角度，來學習一下。

• 步驟一：確定問題的方向

生活中最簡單的疑問句，莫過於5W＋1H，也就是：

When 什麼時候？

Where 什麼地點？

What 什麼情況？

Who 什麼人？

Why 為什麼？

How 如何？

上述這六點，就是我們所說的，問題的方向，也就是要詢問的是哪方面的問題。例如：週末你去了哪裡？上午和什麼人在一起？昨天為什麼不來上課？

如果你想詢問「是什麼」，就要用「What」，而不能用其他的疑問詞；如果你想問「方式」，就要用「How」，而不是其他的疑問詞。換句話說，想知道什麼內容，就要選擇與之相對應的疑問詞來提問。

• 步驟二：著重強調問題的目的

前面提到過，想問哪方面的問題，就要選擇恰當的疑問詞，以避免問題和我們的意向不一致，得不到想要的答案。例如，想詢問「時間」，就要把提問的重點放在「When」上；想詢問「是什麼」，就要著重強調「What」，這樣才能讓我們的問題更具目的性。

只有問題的指向非常明確，回答者才能掌握住提問者想知道什麼、想得到什麼樣的答案，從而讓交流更加順利地進行。

• 步驟三：一個問句的疑問詞要少於三個

無論提出什麼問題，都應當有側重點，這就要求我們在提問時，不能在一個問句中包含太多的疑問詞。不然，回答者很難瞭解我們到底想知道什麼。

通常來說，一個提問最好只有一個疑問因素，一句話只問一個問題的方向，讓回答者清清楚楚地知道我們到底想問什麼、想知道什麼，從而給出準確的回應。

「趙同學，你昨天下午沒來上課，跟誰、去了哪兒、幹什麼了？」

上述的這個問句，裡面包含了三個疑問因素，讓回答者很難第一時間瞭解提問者到底想要知道什麼。是想問趙同學和什麼人在一起？還是想問趙同學去了什麼地方？或是想問趙同學做了什麼？該從哪個方向回答，簡直讓人一頭霧水。

很多時候，我們不喜歡與人「費口舌」，畢竟這是一件浪費時間和精力的事。要避免類似的情況發生，就應當在溝通交流的過程中有效地分解問題，讓每一個提問都十分明確。這樣的話，一問一答才能相對應，既不會偏題，又能提高溝通效能。

在日常生活中，我們既要學會分解自己的問題，好讓別人更清楚理解我們的問題；也要學會分解他人的問題，減少答非所問的狀況發生。

49 虛假兩分

「不是這個，就是那個，沒有中間部分」

小孩子看電視劇的時候，最喜歡問一個問題：「這個人是好人，還是壞人？」在孩子的意識裡，世界上只有兩種人，要嘛是好人，要嘛是壞人，好人是值得相信的，壞人是要遠離的。他們並不知道，世界上的人形形色色，各式各樣，不能簡單地用好與壞來進行區分。

對於許多重要的問題，我們無法用簡單的「是」與「否」來回答。對兒童，我們可以說童言無忌、天真可愛，但若是一個成年人，也習慣用非黑即白、非是即否、非好即壞、非對即錯的方式來思考問題，那就會犯了虛假兩分的邏輯謬誤。

虛假兩分的思維方式，會把一個可能存在多種答案的問題，假設成只有兩個可能的答案，似乎全世界所有問題都只有兩面。而當我們把結論限制在兩個以內的時候，我們的視野就會被限制，思維也會受到嚴重的束縛。

某建設公司的老闆到學校接孩子回家。在教室門口，恰好碰上了該校的校長。由於和校長是舊相識，他們就閒聊了幾句。期間，他指著頗為陳舊的上課教室說：「校長啊，咱們這教室也太舊了，看起來不怎麼牢固，萬一發生地震，真是扛不住啊！你們要嘛把它拆了重建，不然就只能讓學生冒著生命危險上課了。」

校長一聽，就意識到這位建設公司老闆是在詭辯，目的是想讓他拆除舊的教室，從而承攬下這個建造工程。於是，校長笑呵呵地回應：「你不知道吧，我們這大樓剛剛通過抗震能力檢測，至少可以抵抗六級地震，建築品質完全沒問題。我們也決定，下個學期進行外觀裝修，讓整棟建築煥然一新。」

聽完校長的這番話，建設公司老闆知道，自己再說下去也沒意義了，不可能拿到這個工程。隨後，他就隨便應付了幾句，主動告辭了。

我們看看，建設公司老闆的說法：要嘛拆了教室重建，要嘛讓學生冒著生命危險上課。在這兩個選項中，顯然前一個選項比較好，但是問題在於，後一個選項是真實的嗎？當然不是，這只是建設公司老闆的個人觀點。那棟教室大樓或許只是看起來很舊，但實際上很牢固，而校長後來的解釋，也印證了這一點。

從另一個角度來說，除建設公司老闆提到的兩種可能以外，難道就不存在其他的可能嗎？肯定也不是。校長說了，下學期就會對舊教室的外觀進行裝修，讓大樓煥然一新。這個解決方案，顯然比拆掉重建更節省時間，也更節省費用。

就這件事而言，解決教室陳舊的問題，還有不少可取方案，建設公司老闆說的只是兩個最極端的選項。既然是極端的選項，也就意味著不是最佳的辦法。因此，只要找出比這兩種辦法更好的選項，就可以駁斥對方的虛假兩分詭辯。

瞭解虛假兩分的邏輯謬誤，有助於我們用開放的思維去思考問題，特別是在遇到挫折的時候，能夠及時地提醒自己和他人：還有第三種可能！這樣的話，就不會把一個問題往極端方面去想，也不會因為一次偶然的失敗，就徹底喪失自信，認為人生一片黑暗，自己沒有任何價值。

從表面上看，遇到挫折一蹶不振，似乎是心態過於悲觀，但其實是陷入了虛假兩分的邏輯陷阱。稍加分析就知道，這是把人生錯誤地分為了兩個極端，一個是正極端，一個是負極端，不是這個，就是那個，沒有中間部分。

遇到這樣的時刻，我們要記得告訴自己，告訴他人：人生並不是只有兩種可能，還有無限種可能，而且每種可能都可實現。考試考得不理想，還是有其他機會；失戀了還可以再戀愛，也許能找到更適合自己的人；這個工作做得不順，也許換個跑道可以重新找到熱情，真正發揮所長……當我們意識到第三種可能的存在時，我們就從牛角尖裡鑽出來了，並欣喜地發現，人生不存在絕境，處處都有轉機。

虛假兩分的思維方式，會把一個可能存在多種答案的問題，假設成只有兩個可能的答案，似乎所有問題都只有兩面。而當我們把結論限制在兩個以內的時候，我們的視野就會被限制，思維也會受到嚴重的束縛。

50 事實斷言

「你怎麼知道那是真的，能證明嗎？」

在提問的過程中，我們遇到的所有推理論證，幾乎都是涵蓋以下三方面的內容：

- 過去是怎麼樣？
- 現在是怎麼樣？
- 將來是怎麼樣？

這些看法形式不一，有可能是假設，有可能是理由，也有可能是結論，但是說話者的目的是一樣的，他們希望聽者能把這些看法當成事實，並加以認同、接受。

在邏輯學上，這些看法被稱為「事實斷言」。

現在，有一個看起來無懈可擊的「事實斷言」擺在我們的面前，我們的第一反應是什麼？是選擇無條件地相信，還是選擇仔細分析，看看這個結論有無疏漏？

如果我們選擇的是後者，應該從哪些方面著手對事實斷言進行驗證呢？面對事實斷言，我們如果要加以驗證，需要完成以下三個問題。

問題1：我為什麼要相信它？

問題2：是否需要證據來證實這個斷言？

問題3：證據的效力可靠嗎？

如果需要證據，而我們沒有看到證據，那這個斷言就屬於「孤立斷言」，也就是這個斷言沒有用任何方式來加以證實。對此，我們必然要去懷疑孤立斷言的可靠性，並且進一步向對方求證。如果有證據，為了客觀評價推論過程，我們要記住一點：與其他事實斷言相比，有些事實斷言顯得較為可靠。

舉個例子來說，如果說的是——「大部分美國參議員是男性」這個斷言是真的，你可能覺得比較有把握；如果說的是——「練習瑜伽可降低罹患癌症的風險」這個斷言是真的，你可能會半信半疑。對於絕大部分的斷言來說，想要證實其是絕對的真理，還是絕對的謬誤，是非常困難的一件事。

通常來說，某個斷言的證據數量越多、品質越高，我們能夠信賴它的程度就越高，我們也越能把這樣的斷言叫做「事實」。可能有人會問：有沒有什麼辦法，可以幫助我們確定斷言的可靠性？答案是有，我們可以藉助提問來確認。

問題1：你的證明是什麼？

問題2：你如何知道那是真的？

問題3：你有什麼證據嗎？

問題4：你為什麼相信？

問題5：你能確信它是真的嗎？

問題6：你可以證明嗎？

如果我們養成了經常問這些問題的習慣，那就離最佳提問者不遠了。這些問題要求提供論證的人進一步解釋這些論證的基礎，以證實其言論的準確性。任何一個提出論證的人，只要對方希望你認真思考這個論證，都會毫不猶豫地回答這些問題。他們知道自己掌握了實質性的證據，可以證實其斷言。所以，他們會希望你瞭解這些證據，並且逐漸認同他們的結論。

如果有人對出示證據這個簡單的要求，表現出大發雷霆或躲躲閃閃的態度，那就存在問題了。他們這樣做，很可能是因為自己感覺很尷尬，難為情。因為他們已經意識到了，自己沒有足夠的證據去支撐某一看法或觀點。

通常來說，某個斷言的證據數量越多、品質越高，我們能夠信賴它的程度就越高，我們也越能把這樣的斷言叫做「事實」。

51 隱瞞證據（採櫻桃謬誤）

「只要支付全額的百分之十就行了」

在推銷的過程中，有些業務員為了儘快達成交易，會選擇性地擺出論據，挑對自己有利的話來說。實際上，這是運用了邏輯學上的「隱瞞證據」，也叫做「採櫻桃謬誤」。意思就是，像採櫻桃那樣，專門挑那些好的櫻桃摘，比喻選擇性地說話，只呈現美好的部分，而把不利於自己的那些話藏起來。

一位售屋小姐向一位中年阿姨推銷房子。經過簡單的談話交流後，她得知阿姨近期迫切地想買一間房子，給兒子當結婚新房。於是，她向這位阿姨介紹了屋子的樓層、格局、面積、朝向等一系列相關資訊。阿姨聽了半天，還是霧煞煞，就跟她說：「這樣吧，你帶我去現場看看，看過之後，我心裡才有底。」

售屋小姐帶阿姨來到社區後，阿姨覺得這個房子周圍的環境不太好，她說：

「妳看，附近就是火車站，每天有很多火車經過，太嘈雜了。」

售屋小姐趕緊解釋說：「阿姨，您有所不知，咱們這裡離火車站近，出門坐火車很方便，要是您兒子出差什麼的，下火車後很快就到家了，都不用叫車了。您說是不是？現在，有不少人專門挑這附近的房子呢！況且，這兒的房子增值空間很大。」

聽到售屋小姐這麼一說，阿姨覺得也有道理，就接受了這房子的位置。然而很快的，她又發現了一個不盡如人意的地方：「我要給兒子結婚當新房用，可是主臥沒有衛浴間，這不方便啊！上個廁所還要跑來跑去，冬天更是麻煩啊！」

售屋小姐笑著解釋：「阿姨，從風水學上講，臥室是乾淨、休息的地方，而衛浴間是污穢之氣的場所，在臥室裡設衛浴間，其實對人的身體是不太好的。您想啊，衛浴間裡濕氣很重，設在臥室裡，不影響臥室的空氣品質嗎？」

阿姨點點頭，覺得這小姐說的有道理。

最後，售屋小姐對阿姨說：「您看，這房子的格局、面積，您都挺滿意的。要不這樣，您先把買房合約簽了？簽了之後，您就能拿到房子鑰匙了，也能提早安排裝修，甚至明天就可以動工。結婚是大事，總得提前準備，您說是吧？」

阿姨說：「沒錯，頭期款是多少？」

售屋小姐說：「通常，頭期款是購屋全款的百分之三十，我們現在有優惠活動，只要支付購屋全款的百分之十就可以。這間房子的總價是兩百萬元，您先付二十萬元的頭期款就好了。」

阿姨一聽很高興，說：「二十萬元就能買房了啊？太好了。」

就這樣，阿姨簽了購屋合約，交了二十萬元的購屋頭期款。可就在簽完合約之後，售屋小姐卻告訴阿姨：「剩下的購屋款，您可以用房貸的方式來支付，貸款二十年的話，每個月還要還款一萬三千七百元。」

「啊！每個月要還一萬三千七百元？這不是要人命嗎？我哪有能力每個月付這麼多錢啊！妳為什麼沒早點告訴我？要是早知道……」阿姨懊惱不已，責怪售屋小姐沒有說清楚，結果開始無止境的耍賴、無理取鬧。

售屋小姐強調房子的種種好處，哪怕是客戶提出的異議，也巧妙地自圓其說了。目的很明確，就是給買者造成錯覺，誤以為房子真有她說的那麼好。當然了，那位買房的阿姨也比較粗心，連最起碼的貸款買屋常識都不瞭解，只聽到「首付二十萬元」就衝動地簽了合約。這也提醒我們，在做出購買決定之前，一定要瞭解產品的優缺點，在深思熟慮之後再做出購買的決定。

隱瞞證據，又稱「採櫻桃謬誤」，意思是指，像採櫻桃那樣，專門挑那些好的櫻桃摘，比喻講者是選擇性地說話，只呈現美好的部分，而把不利於自己的那些話藏起來。

52 答非所問

「難以直接回答時，就回答點別的」

森林裡住著一頭貪婪的獅子，牠想把山羊、猴子和兔子這些臣民統統都吃掉。但是無緣無故把牠們吃掉，似乎不太合適，畢竟還有其他臣民，獅子需要給牠們一個交代。怎麼辦呢？獅子琢磨了好幾日，終於想到了一個絕佳的藉口。

獅子把山羊、猴子和兔子叫來，對牠們說：「你們臣服於我已經有一段時間了，我想看一看，在我的統治之下，有沒有腐敗的現象。」

獅子張開牠的大嘴，衝著山羊問：「我嘴裡散發出的氣味怎麼樣？」

山羊直率地說：「大王，您嘴裡的氣味很難聞。」

獅子勃然大怒，吼道：「你竟然敢誹謗國王，我要以誹謗罪將你處死。」說完，獅子就毫不猶豫地把山羊吃了。

猴子目睹了這一切，趕緊討好獅子，說：「大王，您嘴裡的氣味芬芳撲鼻，很好聞。」

獅子奸笑道：「你這個狡猾的東西，滿嘴謊言，還喜歡阿諛逢迎拍馬屁。留著你這樣的臣民，將來必定禍患無窮。」說完，獅子把猴子也吃掉了。

現在輪到了兔子，獅子問牠：「你覺得，我嘴裡的氣味怎麼樣？」

兔子很聰明，靈機一動，回答說：「大王，真的很抱歉，我最近感冒，鼻子塞住了，聞不出氣味來。等我回去休息幾天，感冒好了再回答您，好嗎？」

獅子找不到什麼理由，只好把兔子放了。趁此機會，兔子逃之夭夭。

在某些特殊的情境下，真話說不得，假話也說不得，最好的辦法就是不說。在回答獅子的問題時，兔子巧妙地利用了迴避問題的策略，未給獅子留下口實。在邏輯學上，這種詭辯技巧叫做「答非所問」，也就是回答問題時，有意或無意地選擇不相關的問題回答。

美國前總統雷根訪問中國期間，曾經到上海復旦大學參觀，並且參加了學生見面會。當時，有個大學生問雷根：「您在讀大學期間，是否想過有一天會成為總統？」面對這個問題，雷根是這樣說的：「我在大學學的是經濟學，而我是一個球迷，當時美國有四分之一的大學生畢業就會失業，所以我只想快點找個工作，於是就做了體育新聞播報員……」

雷根說了很多，可是並沒有直接回答學生的問題，他用答非所問的方式迴避這個難題。畢竟是公眾場合，有些話不方便直接說，但又不能失禮，畢竟那位學生並無惡意，只是好奇而已。雷根選擇用答非所問的方式，有效避免了尷尬。

面對一些不好回答的問題，或者在不適合直接回答的場合中，我們可以用答非所問的方式巧妙迴避。需要注意的是，在該說真話、需要直接表達意見時，我們還是要真實地表達。否則的話，會給人留下一種虛偽狡猾之感，讓人覺得不夠真誠、不可信任。

在邏輯學上，答非所問是指在回答問題時，有意或無意地選擇不相關的問題回答，是一種迴避問題的詭辯方式。

53 絕對化謬誤

「什麼是『正』，什麼是『不正』？」

古希臘哲學家蘇格拉底（Socrates）很擅長辯論。下面的這組對話，就是他與歐西德莫斯莫斯（Euthydemus）的一場辯論：

歐西德莫斯：「我所做的事情，沒有不正的。」

蘇格拉底：「什麼是『正』，什麼是『不正』？你覺得，虛偽是『正』，還是『不正』？」

歐西德莫斯：「不正。」

蘇格拉底：「偷竊呢？」

歐西德莫斯：「不正。」

蘇格拉底：「侮辱他人呢？」

歐西德莫斯：「不正。」

蘇格拉底：「克敵而辱敵，是『正』，還是『不正』？」

歐西德莫斯：「正。」

蘇格拉底：「誘敵而竊敵物，是『正』，還是『不正』？」

歐西德莫斯：「正。」

蘇格拉底：「你剛剛說，侮辱他人和偷竊都是『不正』，可是為什麼現在又說，侮辱他人和偷竊是『正』呢？」

歐西德莫斯：「對待朋友和對敵人，當然是不一樣的。」

蘇格拉底：「將軍為了要鼓舞士兵，欺騙他們說『援軍就要到了』，結果士兵們打了勝仗。將軍的欺騙行為，是『正』，還是『不正』？」

歐西德莫斯：「正。」

蘇格拉底：「你剛剛說，『不正』只可以對敵人，不可以對朋友。現在，為什麼又認同可以把『不正』對朋友了呢？」

歐西德莫斯：「……」

面對這樣的質問，歐西德莫斯真的很難自圓其說。同時，我們也應該看清一個事實：回答問題太過絕對，會讓自己變得很被動。歐西德莫斯在回答蘇格拉底的問題時，就犯了邏輯學上的絕對化謬誤，沒有具體地針對問題做具體分析，結果被蘇格拉底抓住了把柄，不斷地反擊，最終無言以對，輸了這場辯論。

也許在我們的意識中，也認為羞辱、偷竊是絕對的「不正」，但是又不得不承認，在某些時候，這兩種行為卻是「正」。畢竟，世界上的很多事物，都是有兩面性或多面性的，需要從具體情況做具體分析，而不能一概而論。

絕對化，意味著走極端，意味著不科學，意味著不合邏輯。如果我們不分情況、地點和說話對象，一味地認為某些邏輯必然是對或錯，就很容易犯下謬誤。

唯心主義哲學家王陽明，曾經帶著兩個學生去拜訪朋友，期間發生了兩件事。

第一件事是，朋友家裡養了兩隻鵝，一隻會叫，一隻不會叫，朋友叫僕人把那隻不會叫的鵝殺了，用來款待王陽明。藉此，王陽明教育學生說：「你們看，不會叫的鵝被殺了，會叫的鵝還活著，所以說——有才的，才能長壽。」

第二件事是，吃過飯後，王陽明帶學生去後山遊覽，看到兩株大樹，一株長得筆直，一株長得彎曲，而有兩個人正在砍伐那株筆直的樹。藉此，王陽明又教育學生說：「你們看，筆直的能成材，就會被砍掉；彎曲的不能成材，就會被留著，所以說——無才的，才能長壽。」

兩個學生聽得糊塗了，其中一個忍不住問王陽明：「老師，您剛剛說，有才的才能長壽；現在為什麼又說，無才的才能長壽呢？」

王陽明解釋道：「『有才的才能長壽』，與『無才的才能長壽』都沒有錯，它們是針對不同的對象、不同的條件而言的，兩者並不相斥，也沒有犯邏輯錯誤，它們相對於各自所處的事件、地點、條件而言，都是正確的。」

在生活中，擁有辯證思維非常重要。對待不同的事物，我們不但需要具體分析，還要辯證分析。就算是真理，也不一定是放之四海而皆準。

世界上很多事物都有兩面性或多面性，不能一概而論，必須依照具體的情況，做客觀的分析。若是一味地認為某些邏輯必然是對或錯，不先分清楚情況、地點和說話對象的話，就容易犯下謬誤。

54 二難詭辯術

「詭辯家的半價之訟，你看懂了嗎？」

古希臘哲學家普羅達哥拉斯（Protagoras），依靠收徒講學、傳授論辯技巧、教人打官司為生。他提出了「人是萬物的尺度」和「一切理論都有其對立的說法」兩個意義重大、影響深遠的命題。據說，他教授論辯術，傳授訴訟和辯護的方法，通常都要先跟學生簽訂合約。

一日，有個名叫歐提勒士（Euathlos）的學生找到普羅達哥拉斯，想跟他學習論辯術。普羅達哥拉斯提出，跟隨他學習可以，但是要收取學費。為了顯示自己收費合理，普羅達哥拉斯採用兩次收款的方式。他深信自己教出來的學生，學成後肯定能成為律師，而且第一次出庭必定會勝訴。

於是，普羅達哥拉斯對歐提勒士說：「你的學費可分兩期支付，一半學費在入學時支付，另一半學費在你學成之後，即第一次出庭勝訴後再交付，你同意嗎？」歐提勒士很快就答應了老師的要求，兩人簽訂了合約。

按照規定，歐提勒士先支付了一半學費，並且很快就學完了全部課程。普羅達哥拉斯一直等著歐提勒士交付另一半學費，但是歐提勒士似乎並沒有把合約內容放在心上，學成後一直不肯出庭替人打官司，當然也就不用交另一半學費。普羅達哥拉斯忍無可忍，決定向法院提起訴訟，指控歐提勒士拖欠學費。

庭審前，師生雙方進行了一場頗有趣味的辯論，其中最為精彩的是，他們從真實性難以懷疑的前提出發，卻得出了兩個截然相反的結論。

普羅達哥拉斯：「如果你在我們的案件中勝訴，你就應該按照合約規定支付另一半學費，因為這是你第一次出庭，並且取得勝訴。如果你敗訴，你就必須依照法庭的判決，支付我另一半學費。總之，不管你勝訴，還是敗訴，你都得付我另一半學費。」

歐提勒士：「老師，你錯了！恰恰相反，如果你跟我打官司，無論我勝訴，還是敗訴，都用不著付你另一半學費。如果我勝訴了，根據法庭的判決，我當然不用付另一半學費；如果我敗訴了，那麼我也不用付另一半學費，因為按照我們的合約規定，第一次出庭勝訴後，才要付給你另一半學費。」

在辯論過程中，師生兩人互不相讓，爭論不休，但是誰也無法說服對方。負責這個案件的法官和陪審員，當時也被難倒了，遲遲不能做出判決。這就是歷史上著名的「普羅達哥拉斯悖論」。試問：如果讓你來當這個法官，你會怎麼解決這一悖論？

其實，在這場辯論中，普羅達哥拉斯與歐提勒士，都運用了二難詭辯術。

所謂二難詭辯術，就是在論辯的過程中，只列出兩種可能，此外別無選擇，迫使論敵從中做出選擇。無論對方選擇哪一種可能，結果都對他不利，這樣就迫使論敵陷入進退兩難的境地，從而落入自己的控制之中。

需要說明的是，二難詭辯中的兩種可能，也就是兩個假言前提，全都是虛假的，前後件沒有必然的關聯。這兩個假言前提，是詭辯者從自己的利益出發設置的，目的是讓論敵陷入進退維谷的境地。

就普羅達哥拉斯和歐提勒士的辯論而言，他們的立論都是錯的，因為他們都違背了邏輯學上的「同一律」規則，概念及判斷混亂，是非標準不同，可謂是徹頭徹尾的詭辯。

我們先來看看普羅達哥拉斯的「二難推理」：

——如果歐提勒士打贏官司，按照合約，他應該付清欠我的另一半學費。

——如果歐提勒士打輸官司，按照判決，他也應該付清欠我的另一半學費。

——無論歐提勒士打贏或打輸這場官司，他都應該支付欠我的另一半學費。

在上述的推理中，第一個假言前提是不真實的，因為前件與後件不存在必然的關聯：歐提勒士打贏了這場官司，推不出「按照合約，他應該支付所欠的另一半學費」。因為合約規定的是，歐提勒士第一次出庭打贏官司，指的是他以律師的身份幫他人打贏官司，而不是他以被告的身份打贏官司。

我們再看看歐提勒士的「二難推理」：

——如果我打贏了這場官司，按照法庭判決，我不應該支付另一半學費。

——如果我打輸了這場官司，按照合約規定，我也不應該支付另一半學費。

——無論我打贏或打輸這場官司，我都不應該支付另一半學費。

在上述的推理中，第二個假言前提也是不真實的，推不出結論。這場官司勝訴與敗訴的區別就在於給不給付另一半學費，如果歐提勒士輸掉了官司，就要支付另一半學費。不然的話，敗訴的「著力點」在哪兒？沒有物件，勝訴敗訴就無從談起。

綜合來看，師徒兩人的二難推理，採取的是不同的標準：一個是法庭判決，另一個是合約規定。兩個標準各有利弊，他們都是以對自己有利的標準為自己詭辯，所以才會得出針鋒相對的結論。倘若他們都用一個標準來判斷，那案子就不複雜了。

要破解二難詭辯，我們可以考慮以下三種思路。

思路一：指出對方的前提假設是虛擬的，不符合現實。

——「現代社會中，男人和女人誰更累？」

如果堅持「女方更累」的一方提出：大部分家庭中，女人是否在上班之外，還要做家務事？後續的二難推論可能是：女人上班比男人更容易累，女人不僅要上班，還要承擔家務，所以女人更累。

這個時候，堅持「男方更累」的一方就可以指出：對方辯友錯了，現在大部分家庭中，男女都是共同承擔家務的，而且在大城市裡，還是男人承擔主要的家務。

思路二：不正面回答對方的假設性問題，採取迂迴策略。

——「我們應不應該停止保護大熊貓？」

如果堅持「不應該保護」的一方提出：我們是否存在比大熊貓更稀有、更需要保護的動物，但是因為資源不夠而沒有得到良好的保護？後續的二難推理可能是：其他動物比大熊貓更需要資源，大熊貓的數量已經回升，所以應該去保護其他更稀有的動物。

這個時候，堅持「應該保護」的一方就可以採用迂迴策略：「大熊貓具有外交地位，我們不能讓外國友好人士知道自己收到的禮物並不珍貴，沒有被保護。」

思路三：以其人之道，還治其人之身

——老師狀告學生不交學費（與「半費之訟」相似）。

學生援引雙方約定：「如果我勝訴，按照法庭判決我不該付費；如果我敗訴，按照約定我不該付費。所以，無論勝敗，我都不應該付款。」

老師以相同的邏輯援引約定：「如果這次你勝訴，就要按照約定付款；如果你敗訴，就要按照法庭的判決付款。無論勝敗，你都應該付款。」

聽起來有點兒複雜的二難推理，你掌握了嗎？你學會怎樣反駁了嗎？

二難詭辯術是指在論辯過程中，只列出兩種可能，此外別無選擇，迫使論敵從中做出選擇。所列出的這兩種可能，也就是兩個假言前提，全都是虛

假的，前後件沒有必然的關聯。這兩個假言前提，是詭辯者從對自己有利的方面設置的，目的是要讓論敵陷入進退維谷的境地。

55 簡化因果關係

「導致這種結果的原因只有一個嗎？」

——「導致大量人員死亡的原因是由於發生了強烈的地震。」

——「大雪導致了鐵路交通的癱瘓。」

看到上面兩句話，大家有沒有發現其中存在著一些邏輯的問題？

細心的各位可能已經看出來了，兩句話的共通之處就在於，把事件的結果歸咎於某一個原因，從而忽略了其他的因素。以地震的例子來說，房屋倒塌是造成人員傷亡的直接原因，可是建築品質低劣也是原因之一；再以鐵路交通癱瘓的例子來說，大雪是一個客觀因素，可是能源供應不足、鐵路運力不足、應急能力不足等，是不是也要考慮進去呢？

在針對一個事件進行解釋時，所依賴的因素雖然具有因果關係，但卻並不足以解釋整個事件，或者刻意強調這些因素中的一個或多個因素的作用，就犯了過度簡化因果關係的謬誤。事實上，無論發生了什麼事，其原因都是由許多共同產生作用的因素聯合起來的。換句話說，是這些因素共同發生作用，形成了事件發生所需要的整體環境。

就「小學適齡兒童中憂鬱症的發病率增加速度驚人」這個新聞來說，記者採訪了各路專家，最後綜合專家的意見，指出引發這個現象的主要因素有：遺傳因素、同齡人之間流行的取笑戲弄、父母疏忽大意、電視新聞裡氾濫的恐怖主義和戰爭、缺乏信仰、學習壓力過大……總而言之，這些因素中的任何一個，都可能導致小孩出現憂鬱症，但是我們不能說某一個因素是唯一的原因。

從某種意義上講，幾乎所有的因果解釋都可以過度簡化。所以，當被問及某一件事發生的原因時，哪怕我們所提供的答案並不包含每一種可能的因素，也是說得過去的。可是既然我們瞭解了過度簡化因果屬於邏輯謬誤，在透過因果關係得出結論時，就要盡可能包括足夠多的因素，讓對方知道你並沒有將因果過度簡化；或者你還可以向對方說明，你在因果關係結論中所強調的原因，只是眾多原因中的一個，但不是唯一一個。

過度簡化因果關係是指，在解釋某個事件時，所依賴的因素雖然具有因果關係，但卻並不足以解釋整個事件，或只刻意強調這些因素中的一個或多個因素的作用。

56 故意歪解

「中國人民銀行的資金有十八元八角八分」

某公司的員工在上班時間吃零食，剛好被部門經理抓個正著。經理瞪了員工一眼，問道：「上班第一天，就已經讓你們看了公司的規章制度，工作時不准吃東西，你不知道嗎？」

員工笑嘻嘻地說：「經理，我看了，但是我吃東西的時候，並沒有在工作。」

經理皺了皺眉頭，說：「什麼？你再說一遍。」

員工解釋說：「公司規定工作時不准吃東西，所以我在沒有工作的時候，當然可以吃東西了。您說是不是？」

經理長出了一口氣，說：「趕緊去工作！就會耍嘴皮子。」

明明就是違反了公司的規章制度，卻還滿嘴詭辯，似乎認為自己沒有做錯什麼，這樣的員工，就算是伶牙俐齒，想必也不會給主管留下什麼好感。換作是脾氣不好的主管，可能早就讓他走人了。

從邏輯學上說，明明知道對方的意思，卻故意曲解成另一個意思，造成概念或話題轉移，達到出其不意的目的，就叫故意歪解。很多時候，故意歪解是一種詭辯技巧，它把對自己不利的話語，歪解成對自己有利的意思，就如同上面所講的例子。不過有些時候，面對自己不能回答、不想回答、不會回答的問題時，也可以用故意歪解的方式來回應，這也是一個明智的策略，至少比直接拒絕更容易被接受，而且不會破壞雙方溝通的氛圍。

在一次採訪中，西方記者問周恩來總理：「中國人民銀行有多少資金？」

周恩來總理說：「十八元八角八分。」

記者不解，連忙詢問是什麼意思。

周總理解釋道：「目前，中國人民銀行發行的錢幣面額有10元、5元、2元、1元、5角、2角、1角、5分、2分、1分，加起來就是18元8角8分。」

說完後，周總理又補充了一句：「中國人民銀行實力雄厚，信譽卓著。」

話音一落，全場響起了熱烈的掌聲。

西方記者提問的目的，是探查中國的財力，這顯然是一個機密。周總理當然知道對方的用意，但是他選擇了故意歪解，轉而回答中國人民銀行發行的貨幣的面值總額，聽起來毫無違和感，而且略顯幽默。可見，必要的時候，正確運用故意歪解的方式，也是一種機智的交際方法。

故意歪解是指，從邏輯學上說，明明知道對方的意思，卻故意曲解成另一個意思，造成概念或話題轉移，以達到出其不意的目的。

57 命名謬誤

「臭著臉，是因為心情不好」

看到女友臉色不對，你小心翼翼地問了一句：「怎麼臉臭臭的？」女友回答說：「我心情不好。」

看到父親經常喝醉酒，你私下詢問母親：「爸爸怎麼每次都喝醉？」媽媽回答說：「他現在處於中年危機期。」

看同學的兒子哭鬧，你連忙問同學：「孩子怎麼了？」同學回答說：「他不知在鬧什麼！別理他。」

有沒有發現，上面的三組對話，看起來像是在講話溝通，但是仔細琢磨就會發現，什麼實質性的內容也沒說。臭著臉和心情不好，原本就是一個意思；喝醉酒肯定是有原因，父親正處在中年時期，遇到的問題必然是中年危機；孩子哭鬧發脾氣，和俗語說的「盧」，沒什麼區別……像這種透過貼標籤或命名的方式來描述所發生的事實，以掩蓋說話者無知的情況，在邏輯學上稱為「命名謬誤」。

命名謬誤很容易給人造成一種錯覺——說話者知道名稱，也知道原因。可是實際上，說話者不過是換個說法重複問題，說了等於沒說。

命名謬誤在生活中經常會出現，它可以一筆帶過回答一些現象和問題。例如，「孩子為什麼哭鬧、摔東西」，是因為「孩子發脾氣、在盧」。看起來像是回答了，可是其實阻礙了我們尋找更深刻的原因——孩子哭鬧，可能是某些需求沒有被滿足，這才是解決問題的關鍵點，也是引導孩子、建立親子關係的契機。

當然如果有些問題不方便回答，不想讓人知道具體原因，用簡單的命名來回答也未嘗不可，這樣既不會駁人面子，也不會讓自己難堪，不失為一種良策。

命名謬誤是透過像是貼標籤或命名的方式來描述所發生的事實，只是換個說法重複問題而已。

58 同語反覆

「小明是小明爸爸的兒子」

問：什麼是樂觀主義者？

答：樂觀主義者，就是樂觀對待生活的人。

問：什麼是工業？

答：工業就是生產工業品的生產部門。

回想一下，在小學或中學階段，你有沒有按照這樣的方式回答過考卷上的問題？為什麼按照這樣的模式解釋問題，最後往往都不能得分呢？答案很簡單，看看下面這個例子，你就會明白。類似這樣的答案，其實等於「什麼都沒說」。

問：小明是誰？

答：小明是小明爸爸的兒子。

通常，我們下定義是為了透過一個概念去確認另一個概念。所以，用來揭示被定義項的下定義項，必須是已經明瞭的概念。如果被定義項被用來定義下定義項，那麼，下定義項本身就成了一個未明確的概念。用一個未明確的下定義項去揭示被定義項，其結果就是無法達到明確被定義項的目的。

像上述這種回答問題的形式，就屬於下定義項中直接用到被定義項的概念。例如，「樂觀主義者就是樂觀對待生活的人」，下定義項「樂觀對待生活的人」，僅僅是對被定義項「樂觀主義者」的字面解釋，等於下定義項直接用了被定義項的概念。這種邏輯錯誤稱為「同語反覆」。

所以，要明確定義「樂觀主義者」，就必須明確定義「樂觀」這個概念，只有表述出「樂觀」的真正意思與內涵，才能就「樂觀主義者」給出一個詳細明確的解釋。

同語反覆是指下定義項中直接用到被定義項的概念，沒有表述出被定義項的真正意思與內涵。用來揭示被定義項的下定義項，必須是已經明瞭的概念。如果被定義項被用來定義下定義項，那麼，下定義項本身就成了一個未明確的概念。用一個未明確的下定義項去揭示被定義項，其結果就是無法達到明確被定義項的目的。

59 一廂情願

「明天約好了去爬山，所以明天肯定是晴天」

在過往的經歷中，各位有沒有在腦海裡冒出過這樣的想法：

——「我和他是多年的朋友，所以他一定不會騙我。」

——「明天約好了要去爬山，所以明天肯定是晴天。」

——「快過節了，超市的商品應該會有很大的折扣。」

捫心自問：各位的這些推斷都得到印證了嗎？事實和自己想的一樣嗎？

恐怕不盡然。類似這樣，以自己單方面的想法做為論證根據的推斷，在邏輯學上叫做一廂情願，這也是一種常見的謬誤。換句話說，一廂情願的邏輯謬誤就是以個人的好惡和個人意願來判斷，總是有選擇地相信——相信自己願意相信的事，相信讓自己感到快樂舒心的事。

為什麼我們要這樣做呢？最根本的原因就是，逃避現實、迴避真相。

有個女孩有嚴重的「公主病」，自信心過剩，要求男朋友像對待公主那樣對待她，什麼事都要以她的想法為中心，處處遷就她。有一次，男友的母親腳扭傷要去醫院，但是這個女孩要求男友先送她到車站，理由是：男朋友就應該送她。在她的思維裡，男友就得圍著自己轉，對自己言聽計從。結果，男友難以忍受，最終提出了分手。

我們所希望的，只是內心的願景和期盼實現，與現實中所存在的事實並無關係。偶爾的、無傷大雅的一廂情願，可以說是我們害怕面對失望，但太過一廂情願，就是自欺欺人了。

我們應當儘量避免陷入一廂情願的思維模式中，因為不肯、不敢面對現實，往往會讓我們在自我安慰與自我欺騙中陷入更深的困境。所以，走出思想迷宮，勇敢面對現實，才是明智之舉。

一廂情願的邏輯謬誤，是以自己單方面的想法做為論證根據的推斷，以個人的好惡和個人意願來判斷，總是有選擇性地相信，總是去選擇相信自己願意相信的事。

60 區群謬誤

「所有男人都喜歡看世界盃嗎？」

某女孩問一位男同事：「咦，你今天還在加班，不回去看比賽嗎？」

男同事說：「看什麼比賽？」

女孩很詫異，說：「世界盃啊！男人不是都很喜歡足球嗎？」

男同事搖搖頭，說：「我對足球一點興趣都沒有，也不瞭解。」

上述事件中的女孩認為，所有男人都喜歡足球，並熱衷於看世界盃。但是她沒想到，自己身邊的這位男同事是特例，壓根就不看足球比賽。在這件事情上，女孩犯了一個的邏輯錯誤，就是「區群謬誤」。

聽起來有點晦澀難懂，其實它是一種在分析統計資料時經常會犯的邏輯錯誤，指的是僅僅基於群體的統計資料就對其下屬的個體性質做出推論。區群謬誤假設了群體中的所有個體都具有群體的性質，是典型的以全概偏。

區群謬誤，最早出現在美國社會學家威廉・羅賓遜（William S. Robinson）在一九五〇年發表的文章中。

一九三〇年，美國進行了一次大規模的人口普查，羅賓遜針對這次普查結果，分析了四十八州的識字率與新移民人口比例的關係。結果發現，兩者之間的相關係數是0.53，也就是一個州的新移民人口比例越高，平均來說這個州的識字率就越高。然而，當羅賓遜分析個體資料時，卻發現了不一樣的情況：移民比例與識字率之間的相關係數是-0.11，也就是平均來說，新移民比本地人的識字率低。

為什麼會出現這種看起來矛盾的結果呢？羅賓遜透過調查研究，終於搞清楚了原因：原來，新移民普遍傾向於在識字率較高的州定居。由此，羅賓遜提出：在處理群體資料或區群資料時，必須注意到資料對個體的適用性。

這裡需要說明的是，羅賓遜並不是指任何群體資料對個體性質做出的判斷都是錯誤的，而是說用群體資料推斷個體資料時，必須注意群體資料是否會把個體的特殊性隱藏起來。例如，你認識了某個地區的某個人，他可能有懶惰、小心眼的毛病，但是你不能以此為論據，推論出該地區的人都有這種特點。

要避免區群謬誤，應當在整體認識某一個群體的基礎上，用具體的眼光去看待群體中的個體。儘管群體的特性可能適用於個體，但是未經調查，不能盲目地把群體的特性挪到個體上。畢竟，個體可能具有與群體相一致的特性，也可能有和群體截然不同的特性。

區群謬誤是指，僅僅基於群體的統計資料就對其下屬的個體性質做出推論，是一種在分析統計資料時經常會犯的邏輯錯誤，它假設了群體中的所有個體都具有群體的性質，是典型的以全概偏。

61 直覺思維

「說不上來，就是有一種感覺」

兩個閨密，相約下午茶，聊起了自己的先生。

「最近，總覺得他怪怪的。」

「有什麼問題嗎？」

「說不上來，就是有一種感覺，他肯定有什麼事瞞著我。」

「會不會是妳多想了？」

「不可能，我的直覺一向很準。」

幾日後，兩個閨密再次相聚，又談起上次的話題。

「說說吧，妳老公到底有沒有事情瞞著妳？」

「他？再借他幾個膽，他也不敢！」

「那妳上次還信誓旦旦地說，妳老公肯定有什麼事在瞞著妳。」

「好吧，我承認，是我自己的問題。」

「沒錯，妳的確有問題，太過相信直覺了，疑神疑鬼的！」

直覺思維，就是對一個問題，沒有經過逐步分析，僅僅根據內在的感知迅速做出判斷、猜想、設想，或者在疑難、迷惑的時候，對問題頓悟，甚至對某件事物的結果有預感等情況。很多哲學家強調過直覺思維的重要性，但是從邏輯學上來講，直覺思維無法做為證據來證明某個觀點，因為它沒有可信度與說服力。

當我們用直覺支撐一個觀點時，我們依靠的是內在的感覺或常識，這是一個個性化的東西，其他人沒有辦法去判斷它的可信度。

況且，直覺本身也是不確定的東西，根據直覺得出的結論本身有待考察。如果想用直覺做證據，先要拿出證據證明自己的直覺是可信的。

就拿上面一開頭的例子來說，女士懷疑自己的先生有事瞞著自己，要讓閨密相信她的直覺，她就得提出一些有力的證據。例如：他最近總是偷偷摸摸地接聽電話，神色緊張，這在以前是沒有過的；他以前都是準時下班，最近這些天都要到深夜才回來；他還把銀行提款卡的密碼改了，而且事先沒有告訴我……這些異常的表現，可以做為直覺判斷的論據。有了這些論據，她的直覺才變得有說服力。

所以說，直覺不可以做為直接的證據，只有經過證明的直覺，才能作為論據。

直覺思維是指對一個問題，沒有經過逐步分析，僅僅根據內在的感知便迅速做出判斷、猜想、設想。從邏輯學上來講，直覺思維無法做為證據來證明某個觀點，因為它沒有可信度與說服力。

62 預期理由

「這個案子結束後，起碼能賺二、三十萬」

某人向朋友借兩萬塊錢，聲稱半年後連本帶利一起還，利息是本金的百分之三十。

聽起來挺大方，但是朋友並不買帳，因為這不是某人第一次向他借錢了。他直截了當地回覆說：「我手上也沒什麼錢，況且你上次從我這裡借的錢，還有兩千元沒還呢！」

某人臉不紅、心不慌，神色鎮定地說：「放心，兄弟，這次啊，我會一併都還給你，把這兩千塊錢也算在本金裡，你看怎麼樣？」

朋友說：「聽起來是不錯，但是我要怎麼才能相信你？」

某人神秘地說：「現在，我正在跟別人合作一個案子，這個案子結束後，起碼能賺二、三十萬，到時候你還怕我沒錢還你？」

朋友笑了，說：「你先把那二、三十萬賺到手再說吧！」

為什麼朋友不肯再借錢給某人？誠信肯定是一個重要的原因，還有一個原因就是，某人把沒有發生的事情拿來做為論據，企圖證明自己有償還能力。這種論證手段是一種典型的詭辯術，在邏輯學上叫做「預期理由」。

預期理由是一種謬誤，它在證明或反駁一個觀點時，把真實性有待驗證的判斷做為論據，不具有可信度和說服力。例如：「用望遠鏡觀察火星，可以發現上面有不少有規則的條狀陰影，而這就是火星人開鑿的運河，因此火星上是有人的。」在這句話中，「條狀陰影就是火星人開鑿的運河」這個前提，是沒有經過證實的，不知道是真是假，所以根本無法推斷出「火星上有人」的結論。這是典型的「預期理由」的邏輯謬誤。

在現實生活中，特別是在銷售領域，預期理由經常會被拿來做為勸說客戶買單的一種方法。例如，某銷售員會對客戶說：「您之前購買的這款產品，公司明年可能會調高價格，為了避免您以後買貴了，我建議您趁著價格還沒調漲以前，趕緊訂購半年的存貨，這樣的話，能節省不少錢。」

總而言之，對於一些嚴謹的科學問題，以及牽涉到自身利益的重大問題，我們都要提高警惕，不要輕信預期理由。但是若是不牽涉道德品行，例如在行銷和勸服他人時，也可以恰當地運用預期理由，在某些情境下，這的確是一種說話技巧。

邏輯學上的預期理由是指在證明或反駁一個觀點時，把真實性有待驗證的判斷做為論據，因此不具有可信度和說服力。

63 巧合謬誤

「蕭敬騰一開演唱會，肯定就會下雨」

提到歌手蕭敬騰，很多人腦子裡就會冒出兩個字——「雨神」。

蕭敬騰似乎有一種神秘的力量，這些年裡，他去哪裡出席活動，十次有九次，那裡就會下雨。所以，很多人就把他封為「雨神」。每當天氣熱得受不了，城市裡卻長時間不下雨時，很多人就盼著蕭敬騰能去當地開演唱會。

其實，我們都知道，蕭敬騰出席活動、開演唱會，和下雨這件事情，並不存在必然的因果關係，一切只是巧合。即便十次中發生了九次，依然只是巧合。儘管很多人都清楚這件事是巧合，只是喜歡拿來做為茶餘飯後的笑談，但是這並不意味著，我們能在生活中完全避免用這種思維去想問題。

夏日裡，女孩喝了一杯冰奶茶，回到家後肚子開始不舒服，而後出現腹瀉的情況。女孩就此斷定，喝冰奶茶會導致腹瀉。從那以後，她便不再喝冰奶茶。當別人問及原因時，她給出的理由是：喝冰奶茶會導致腹瀉。不僅如此，她還勸身邊的人不要喝冰奶茶，說很容易導致腹瀉。

在這件事情上，女孩以個別情況來肯定某種因果關係，就犯了巧合謬誤。

事實上，女孩喝冰奶茶後腹瀉，只是個別情況，並不能得出結論說：喝冰奶茶一定會腹瀉。她到底是因為喝了冰奶茶而腹瀉，還是因為吃了其他的食物而腹瀉？有沒有可能，她在此之前還喝了其他的飲料？這些都可能是她腹瀉的原因，也許是單個的原因，也許是多個原因混合在一起，導致了她腹瀉。總之，喝冰奶茶導致腹瀉這個結論，是缺乏科學依據的，不能成立。

退一步說，就算是女孩喝冰奶茶後出現了腹瀉，這也不能得出「喝冰奶茶一定會導致腹瀉」的結論。這只是個案，無法證明每個人喝冰奶茶都會腹瀉。換句話說，巧合謬誤之下的個例，不能算做通例。畢竟，個體是存在差異的，消化系統的強弱、個人體質的好壞，都是重要的影響因素，都會導致個例不等於通例。

再者，女孩喝冰奶茶後腹瀉，也許只是偶然現象，這與她當天的身體狀況、當天的天氣情況，都有一定的關係。如果不分析這些情況，而把這種偶然視為必然，從此不再喝冰奶茶，這就跟「一朝被蛇咬，十年怕草繩」沒什麼區別。

一言以蔽之，巧合與偶然不等於必然，要找出結論與現象之間的必然性，還要深入地研究結論背後的原因，以及現象所導致的結局。

巧合謬誤是把偶然視為必然，以個別情況來肯定某種因果關係，這是缺乏科學依據，無法站得住腳的。巧合謬誤之下的個例，不能算做通例。

64 因果倒置

「給懶惰的農民發兩頭牛，他們就勤奮了」

剛從某大型公司面試回來的兒子對父母說：「我留意了一下，那家公司的管理者都開著百萬元以上的車，想去那裡上班的話，還得換一輛好點的車。」

父親一聽就皺起了眉頭，說了一句：「這是什麼邏輯？說不通啊！」

沒錯，兒子說的這番話，的確存在邏輯問題，那就是因果倒置。

在邏輯學上，事件的原因與結果之間存在正相關的關聯。例如，A和B兩個事件存在正相關的關係，但是如何判斷A和B誰是因，誰是果，並不總是很容易。如果把關係弄反了，將原因與結果顛倒，就犯了因果倒置的謬誤。

就上述的例子來說，兒子認為，擁有一輛好車才有資格成為那家公司的管理者，但是真實的因果關係是，出任那家公司的管理者能獲得豐厚的薪資，於是他們有能力購買好一點的車。兒子這種因果倒置的邏輯，也難怪會讓父親皺眉。

在現實生活中，有不少人知道因果倒置是一種邏輯謬誤，但是詭辯者會故意利用這種方式來詭辯。如果聽者毫不假思索的話，很容易會被迷惑，相信他們所說的話。

十九世紀時，英國有一位改革家聲稱，他經過調查研究發現：每個勤勞的農民至少有兩頭牛，可見有牛的農民都勤奮。據此，他得出論斷：如果給那些好吃懶做的農民每個人發兩頭牛，就能夠讓他們變得勤奮起來。於是，他就提出了一項改革措施：給沒有牛的農民發兩頭牛。

各位仔細想想就會發現，這位改革家是犯了因果倒置的謬誤。原本，農民勤勞是原因，有兩頭牛是農民勤勞的一種表現形式，也可視為農民勤勞帶來的結果。但在改革家看來，有兩頭牛是原因，農民勤勞是結果。所以才會有後面那個可笑的改革措施。

很有可能，給懶惰的農民發了兩頭牛以後，並無法改變他們懶惰的習性，相反的，他們還可能會把牛賣掉，揮霍掉賣牛的錢，繼續懶惰下去。這樣的話，政府補貼就白白浪費了。同時也會打擊到那些原本勤勞的農民，讓他們覺得很不公平。

因果關係是普遍存在的，然而這並不意味著，任意的兩件事物或兩種現象之間都存在因果關係。就算真的存在因果關係，誰是因，誰是果，也需要謹慎判斷。那麼，該怎樣判斷事物的關係呢？

我們需要從因果關係的「共存性」與「先後性」入手。

所謂共存性，是指原因和結果之間存在相互接近性；所謂先後性，是指原因在先，結果在後。是否具備這兩種特性，是判斷因果關係的一個重要條件。不過，請注意，不能因為兩種事物之間存在這兩種關係，就認為它們之間是存在著因果關係。

最典型的例子就是，閃電和打雷，一個在前，一個在後，但是我們不能說，是因為閃電了，所以打雷。事實上，閃電和打雷的出現有共同的原因，那就是帶電雲之間的相互碰撞。很多時候，因果倒置是我們的思維發生了倒置的想法，那是主觀臆想，而非事實。我們在生活中一定要注意避免陷入這樣的誤區。

因果倒置是指將事件的原因與結果顛倒，把關係弄反了。因果關係是常見普遍存在的關係，若想要正確判斷事物的因果關係，就需要從因果關係的「共存性」與「先後性」思考。

65 回歸謬誤

「誇獎讓學生成績下降，責罵讓學生成績進步」

我們來看看下面這幾個推論——

比賽

阿牛上次參加乒乓球比賽，成績特別爛，教練把他狠狠地訓斥了一頓。結果，下一場比賽時，阿牛表現得很好。所以，責罵可以提高阿牛打乒乓球的成績。

考試

阿牛本次數學測驗得了一百分，老師和家長對他稱讚不絕。結果，下次測驗時，阿牛只得了九十分。然後，他被罵了。之後，第三次測驗時，他又考了滿分。所以，誇獎會讓學生驕傲，成績下降，責罵可以讓學生成績進步。

發燒

阿牛生病了，連續兩天發燒到三十九度，第三天吃了退燒藥，燒就退了。所以，阿牛退燒是因為退燒藥發揮了效用。

聰明的各位，有沒有看出來，上述這些推論中存在的問題？

從邏輯學上來說，如果未考慮統計學上隨機起落的回歸現象，故而造成不恰當的因果推理，就犯了回歸謬誤。上面的幾個推理，問題就在於此。

人在比賽中的表現，往往是不確定的，有時好，有時不好。當前一次表現出少見的、極其糟糕的成績時，即使什麼都不做，下一次也可能會有比上一次好的成績。同樣的，如果前一次表現得罕見的出色，那麼下一次的比賽成績，通常很可能會比前一次差。

人不可能在考試中次次都拿滿分，以阿牛來說，可能你不稱讚他，他第二次測驗也會得九十分；你不責備他，第三次測驗也會拿到滿分。這是學生實力的表現，不能斷定是受誇讚或責備的影響。

發燒兩天後，有時不吃藥也可能會自己好起來，不能就以此認定是退燒藥發揮了作用。

從統計學上看，事件發生的機率都是圍繞一個均值來回波動的，這叫做「均值回歸」。之所以會發生上面的推理謬誤，就是因為忽略了此一規律，錯誤地從回歸平均的現象中得出錯誤的因果關係。也就是，看到一件事情發生後，某個指標回歸平均，就認為這件事是導致該指標發生變化的原因。

既然回歸謬誤會讓我們犯錯，那我們該如何避免呢？

首先，能夠意識到回歸謬誤的存在，本身就能夠減輕一些負面的影響。我們在生活中要經常提醒自己，盛極必衰、否極泰來，盡量保持一顆平常心。

其次，客觀資料可以帶給我們一些幫助。多觀察自己的過去的表現資料，不要因為一兩次超乎尋常的發揮，就盲目地自信；也不要因一兩次偶然的失誤，就自暴自棄。客觀的資料，能夠讓我們更加理性地做出分析。

回歸謬誤是指未考慮統計學上隨機起落的回歸現象，而做的不恰當的因果推論。

66 推不出來

「和尚動得，為何我動不得？」

魯迅先生的《阿Q正傳》中有這樣一處情節：

阿Q去調戲靜修庵的老尼姑，結果遭到了對方的白眼。然而，阿Q開始為自己辯護，他給出的理由是：「和尚動得，為何我動不得？」

我們來檢視一下這個論證——「和尚動得，為何我動不得？」

暫且不說和尚是否真的動得，或是動不得，就算是和尚動得，阿Q就一定動得嗎？阿Q給出的論據，根本無法必然地推出結論。換句話說，論據和論題之間，沒有必然的關聯。

古時候，有個人把孩子扔進河裡。別人問他：「為什麼要把孩子扔進河裡？」

他回答說：「其父善游。」意思是說，孩子的父親會游泳，所以孩子也會游泳。

很明顯，這也是一個推不出的謬誤。就算「其父善游」，也推不出「其子善游」的結論，兩者之間缺乏有效的關聯。

推不出的謬誤是指，論據和論題之間沒有必然的關聯，或說缺乏有效的關聯，因此無法必然地推出結論。

67 設定條件

「下半年我有賺到錢的話，肯定借給你」

「下半年，我想買輛車，到時候你能不能借給我幾萬塊錢？」「好呀！如果下半年我有賺到錢的話，我肯定借給你！」

上述的對話，聽起來是不是挺熟悉的？這類話甚至經常在我們的生活中出現，或者是別人對你說的，或者是你對別人說的。總之，這樣的回答是滴水不漏的。

「如果下半年我有賺到錢的話，我肯定借給你」，這句話是什麼意思？就是在有賺到錢的條件下，我願意借給你。但是，這句話本身也涵蓋著另一層意思：如果我沒賺到錢而有餘的話，那我就沒辦法借給你。

事物之間總是存在著一定的條件關聯，如果離開了一定的條件，失去了一定的環境，客觀事物就無法存在和發展。正因為此，很多人就會利用設定某種條件，對他人的提問做出回答，這是一種詭辯技巧。如果是在不利的處境之下，藉助這種方式，也可以幫助自己擺脫困境。

古時候，有一位國王詢問身邊的大臣：「咱們王宮的水池裡有多少杯水？」大臣們一聽，開始在底下議論紛紛，每個人說出的杯數都不一樣。有些大臣還提出，應該測量一下，看看到底有多少杯水。然而，他們說的這些，都不是國王想要的答案。

國王聲稱，所有子民都可以回答這個問題。後來，有一個小孩表示，他知道國王想要的答案。國王一聽，就召見了這個孩子。

小孩說：「想知道王宮的水池裡有多少杯水，那要看用什麼樣的杯子來裝。如果杯子和水池一樣大，那就是一杯水；如果杯子只有水池一半大，那就是兩杯水；如果杯子只有水池的三分之一大，那就是三杯水……」

國王聽後，點頭微笑，對這個答案非常滿意。

就國王提出的那個略顯荒唐的難題而言，小孩給出的答案，無疑是最圓滿、最無懈可擊的。這也啟發了我們，面對複雜的人際交往，或是狡詐的論敵，設定條件不失為回應對方的最佳策略。

利用設定某種條件，對他人的提問做出回答，在面對複雜的人際往來，有時也不失為一種不錯的應對方式。

68 無足輕重

「抽菸會影響空氣品質，趕緊戒了吧」

兄弟兩人是雙胞胎，一個長期吸菸，一個從不碰菸。

哥哥：「活了六十年了，你還沒抽過菸，要不要嘗一根？」

弟弟：「我才不要，菸又不是什麼好東西。」

哥哥：「不抽拉倒，我自己抽。」說完，就點了一根菸。

弟弟：「你明知道我不抽菸，還當著我的面抽，真缺德。空氣品質就是被你們這些菸民弄得越來越差的，趕緊戒了吧，免得害人害己。」

哥哥：「瞧你說的，夠誇張了！抽菸怎麼可能導致空氣品質變？空氣品質差，是因為工廠排出的廢氣，汽車行駛排出的廢氣，還有人類對大自然的破壞，跟我抽菸沒關係。」

弟弟：「你一個人抽菸肯定沒多大影響，可是世界上每天那麼多人抽菸，肯定會影響空氣品質，這一點你不用爭辯。」

哥哥：「照你這麼說，全世界的人每天都要放屁，大家放的屁，是不是也會影響空氣品質呢？」

弟弟：「當然，這都有影響。只不過，放屁是正常的生理現象，沒辦法控制。可抽菸不一樣，抽煙是可以控制的，是可以戒掉的！」

……

兩個人就這個問題爭論不休。你覺得，弟弟說的「抽菸會影響空氣品質」符合邏輯嗎？乍一聽，似乎有點道理，每天那麼多人吸菸，噴出來的菸積少成多，肯定會影響空氣品質。但是其實，這是一個謬誤，它犯了無足輕重的邏輯錯誤。

所謂無足輕重，就是指在論辯中，舉出無足輕重的次要原因論證，遺漏了真正的主因。以空氣污染這件事來說，吸菸造成的菸霧並不是空氣污染的主要原因，事實恰如哥哥所說，工廠排出的廢氣、汽車行駛排放的廢氣、人類對大自然的破壞，才是空氣品質下降的主要原因。

通常，出現無足輕重的邏輯謬誤的原因有兩種：第一種，詭辯者舉出的原因，根本不能稱為原因，也就是說，這個原因本身是錯的；第二種，詭辯者舉出的原因，只是原因之一，而且是無關緊要的原因，不足以從本質上決定事物的發展。

無足輕重是指在論辯中，舉出無足輕重的次要原因論證，而遺漏了真正的主因，或者舉出的原因根本無法稱得上是原因。

69 訴諸傳統

「自古以來，家務事都是女人做的」

有這樣一對夫妻：丈夫好吃懶做，工作不努力，賺的錢只夠養活自己；妻子秀外慧中，特別能幹，在某公司擔任高管，養家還貸全靠她。不過，妻子倒也沒嫌棄丈夫，只是提出，讓丈夫多分擔一些家務，以便自己回到家能多休息一下。

一日，妻子下班後，發現廚房淩亂不堪，碗筷也沒有洗，就趕緊叫丈夫過來收拾，收拾乾淨後順便做晚飯。丈夫有點兒不樂意，就開始跟妻子論辯。

丈夫：「自古以來，家務事都是女人做的，妳讓我做，這本身就有問題。」

妻子：「按照你的邏輯，自古以來，男人都是主外的，那你應該去外面賺錢養家。如果你能賺錢養家還貸，那我很樂意在家掃地、洗碗、做飯。」

丈夫：「我怎麼沒有賺錢養家呀？難道只有妳一個人上班？」

妻子：「不要打岔，我們在說做家務事的問題。你說了，按照傳統，女人應該做家務事，對不對？如果這樣的話，我是不是要辭去工作，在家做全職太太？」

丈夫：「沒問題啊，只要妳願意。」

妻子：「那好，我明天就辭職，剛好我們公司在裁員。我可以在家坐吃山空。當然，你放心，我會把家裡收拾得乾乾淨淨，把家務事做得很好。」

丈夫見妻子真生氣了，小聲地說了一句：「如果真是那樣，日子怎麼過啊？」

妻子歎了一口氣，說：「那不就得了！我在外面努力工作，已經分擔了你賺錢養家的負擔，你在家裡多做點家務，幫我分擔一些家務，有什麼不行的呢？」

最後，丈夫被說服了，乖乖地去洗碗做飯了。

在夫妻兩人的論辯中，丈夫提到了「自古以來，家務事都是女人做的」，無疑是把過去一些傳統拿出來做為論據。誠然，每個民族都有其流傳下來的傳統，但是在這些傳統中，有的是好的，有的則是糟粕。我們要做的，當然是汲取精華，剔除糟粕。如果一味地以傳統為依據，用傳統為自己辯護，就犯了訴諸傳統的謬誤。

訴諸傳統，就是把傳統視為判斷是非的唯一標準，特別是把歷史悠久的傳統做為判斷是非的標準，這明顯是不符合邏輯的。在上述的案例中，丈夫就犯了這個謬誤。

過去女性的社會地位較低，接受文化教育的程度較低，這種客觀情況導致了多數女性都只能在家裡相夫教子。然而隨著社會進步，女性也開始接受教育，並且像男性一樣在社會上工作，具備了獨立的經濟能力和獨立的思想意識，因此再用古代的傳統去要求女性，顯然就不合適了。

訴諸傳統有兩種極端，一種是我們剛剛說過的，訴諸年代，即主張過去的一些古老傳統是好的；還有一種是訴諸新潮，即主張新時代潮流就是好的。實際上，舊時候的傳統未必適用於現代，而新潮的也未必就是好的。

對待傳統，我們要辯證來看，既不能說傳統的就是好的，也不能說傳統的就是不好的，新潮的才是好的。好與不好，要尊重現實，也要從具體的面向，針對問題做客觀的分析。

訴諸傳統是把傳統視為判斷是非的唯一標準，特別是把歷史悠久的傳統做為判斷的標準。

70 說即勸說

「我們該為別人的盲目行為負責嗎？」

十幾年前，易中天教授的《品三國》，在國內引起了極大的關注。不少中學生也是《品三國》的粉絲，而且他們把易中天所講的「三國」看成是正史。

對於這種情況，有記者採訪易中天：「學生把您的《品三國》視為正史，這導致了他們歷史成績下降，您不覺得應該為這種誤讀負責嗎？」

易中天回答說：「記者好，妳長得很漂亮，那邊有個小夥子因為妳長得漂亮喜歡上妳，妳是否應該為他的盲目負責呢？」

記者說：「我不該為別人的盲目行為負責。」

易中天說：「那我也不該為孩子們盲目相信《品三國》是正史而負責，因為是他們盲目相信的，而不是我勸說他們相信的。」

我們回顧一下記者的提問，她認為：因為學生把易中天的《品三國》誤讀為正史，導致他們歷史成績下降，因此，易中天要為此負責。按照記者的這個邏輯：如果我們參加唱歌比賽，得了第一名，第二名的選手心情鬱悶，一時間想不開選擇了輕生，那做為第一名的我們，就該為第二名選手的自殺負責。因為，如果我們沒有獲得第一名，那他就是第一名，他就不會鬱悶，也不會自殺。

試問：這種邏輯有道理嗎？

顯然各位可以看出，這種邏輯是沒有道理，也說不通。在邏輯學上，有一種謬誤叫「說即勸說」，它就跟上述記者所犯的錯誤一樣：你說了某些話，做了某些事，別人聽到你說的，相信你的話，相信這些事，所以你要為別人盲目相信這些話、相信這些事而負責。

這個邏輯究竟錯在哪兒呢？關鍵就在於──「說」不等於「勸說」！說，可能只是隨口一說，沒什麼特別的目的，但是勸說不一樣，它是有明確的目的。

易中天的《品三國》，是出於對歷史的愛好，做出的一種知識性的分享，而沒有強調自己對三國歷史的評價是正史。所以，他只是「說」，而不是「勸說」。

不過如果是這樣的情況，一位美國總統候選人在演講中說：「我們政黨在保護婦女權益方面，已經取得了巨大成效。事實上，現場有一位受益人就在我們聽眾當中，她的名字叫蘇珊，今年四十二歲，來自俄亥俄州的一個小鎮。在我們的協助之下，她已經在一家公司找到工作。現在，蘇珊女士，麻煩請妳站起來，跟大家打個招呼。」

這位美國總統候選人說這番話的目的是什麼？很明顯，他有自己明確的目的，那就是宣揚自己的厲害，希望勸服大家在選舉中投他一票。儘管他沒有說出這樣的話，但是他的目的不言而喻。這種情況，就屬於「勸說」。

所以，判斷一個人說話是不是勸說，要看說話者的目的性強不強。不能遇到問題，就讓當事者對其他人的盲目行為負責。有時候，犯「說即勸說」的邏輯錯誤，也是對某些無辜當事者的一種傷害。

說即勸說的邏輯謬誤是指，某人所說的話或做的事，別人聽到或看到之後就相信了，所以這位某人要為別人盲目相信這些話、這些事負責。關鍵就在於——「說」不等於「勸說」！說，可能只是隨口一說，沒什麼特別的目的。不過勸說又不一樣，它是有明確的目的。

71 以人為據

「狂放之士，用他有什麼益處呢？」

看過《三國演義》的讀者可能對這處情節有些印象：

孫權盤踞江東多年，透過舉賢任能招攬了不少的人才，為東吳的發展奠定了堅固的基礎。但是，有一個人沒有得到孫權的任用，而且他的才智不遜色於諸葛亮。這個人就是龐統。那麼，身為賢明之主的孫權，為什麼甘願放棄龐統這樣一個優秀的人才呢？

事情是這樣的：魯肅曾向孫權舉薦過龐統，然而孫權見龐統長相醜陋，行為古怪，就對他產生了不好的印象。面試一開始，孫權問龐統：「你平生主要學習什麼？」龐統說：「沒有固定，什麼都學，隨機應變。」孫權又問：「你的才學與周瑜相比如何？」龐統說：「某之所學，與公瑾大不相同。」意思是說，我的學問大了，不在周瑜之下。

孫權原本就嫌他面相醜陋，加上聽了這樣一番話，對龐統更是好感全無。因為孫權平生最喜歡周瑜，而龐統卻沒有把周瑜放在眼裡。於是，孫權就讓龐統回去等消息，其實就是不想用他，找個說辭而已。龐統也明白孫權的意思，走時長歎一聲。

魯肅不理解，連忙問孫權：「主公為何不用龐士元？」

孫權說：「狂士也，用之何益？」意思就是，龐統太狂妄了，不想用他。

很明顯，在是否任用龐統這件事情上，孫權並不是依靠理性在做決策，而是犯了「以人為據」的邏輯錯誤。所謂「以人為據」，就是在判斷一個人的觀點正確與否時，不看觀點本身，而看發表這種觀點的人。

通常來說，以人為據有兩種類型：其一，以貌取人，就是根據印象來看人。對於那些印象不好的人所說的話、所做的事，都採取否定和反對的態度。其二，以立場看人。如果對方的立場與自己不同，就把對方視為敵人或對手，對對方所說的話、所做的事，採取反對的態度。

孫權對龐統印象不好，就不相信龐統說的話，不相信龐統的才華。哪怕魯肅極力推薦龐統，拿出可以證明龐統有才華的事例，孫權依然不用龐統。在如何看待周瑜這件事情上，龐統對其是不屑一顧，這恰恰與孫權對周瑜的立場相反，這就更加劇了孫權對龐統的厭惡。由此可見，孫權犯了典型的「以人為據」的邏輯謬誤。

其實，狂士未必無才，人的性格如何，不能推出他的才華與能力。這也告誡我們，做決策之前，要憑藉理性去思考問題、審視人才，要就事論事，並且實事求是，切忌犯以人為據的邏輯錯誤，這很可能會讓我們的判斷產生偏差或失誤。

所謂以人為據，是在判斷一個人的觀點正確與否時，不看觀點本身，而只看發表這種觀點的人。

72 說文解字

「竊書，怎麼能算是偷呢？」

魯迅先生的短篇小說《孔乙己》裡寫到過這樣的一件事——

孔乙己到了咸亨酒店，排出九文大錢，對櫃裡說：「溫兩碗酒，要一碟茴香豆。」一見此情景，旁邊的人故意高聲嚷道：「你又偷了人家的東西了！」孔乙己聽到這樣的話，自然很不樂意，睜大眼睛說：「你怎麼這樣憑空污人清白……」對方搬出了證據道：「什麼清白，我前天親眼見你偷了何家的書，吊著打。」

孔乙己漲紅了臉，額上的青筋條條綻出，爭辯道：「竊書不能算偷……竊書！……讀書人的事，能算偷嗎？」接連便又說了一些晦難懂的話，什麼「君子固窮」，什麼「者乎」之類，引得眾人哄笑起來。

當有人提及孔乙己偷東西的問題時，孔乙己為自己爭辯，說：「竊書不能算偷……竊書！……讀書人的事，能算偷嗎？」在這裡，孔乙己想利用「竊」來掩飾「偷」，進行「說文解字」的詭辯，可惜他用得不太好。因為，大家都知道，竊與偷是同義詞，沒有什麼本質的區別。

中文這個語言是很精妙的，如果對字詞進行拆解和趣解，往往就會衍生出另一番意思。特別是在辯論中，巧妙地說文解字，更是可以達到詭辯的目的。

有人說起中國傳統中「重男輕女」的思想，認為有失公平。這個時候，詭辯者就提出：中國傳統上是重女輕男，不是重男輕女。他給出的理由是：中國文字中有一個「好」字，這個字是由「女」和「子」組成的，女子等於「好」，可見，古人認為生女兒好，這不是重女輕男嗎？

把漢字拆開來進行解釋，不管解釋得多麼生動有趣，都是不符合邏輯的。按照上面的說法，中國漢字裡還有「孬」這個字，把它拆開的話，不就是「女子不好」嗎？這又怎麼解釋呢？說到底，這就是文字遊戲而已，平日裡取樂也就罷了，如果亂用的話，可能會給自己帶來麻煩。

三國時期的謀士楊修，就死在了說文解字上。

當時，曹操在漢水與劉備對峙多日，進退兩難，舉棋不定。一天晚上，夏侯惇進帳請夜間口令，曹操看見桌子上的雞肋，隨口就說了一句：「雞肋，雞肋！」於是，「雞肋」就成了當晚的口令。

楊修聽到這個口令後，發揮自己的聰明才智，解讀曹操的意思，說：「雞肋，食之無味，棄之可惜。丞相要退兵了，趕緊收拾東西吧！」結果，軍心大亂，士兵們都準備撤離。曹操知道後，以「亂我軍心」為由，處死了楊修。

楊修的確有才，之前也對曹操的心思進行過說文解字，自以為聰明，實則已經惹怒曹操，遭到他的忌恨。這種不分場合、不分對象說文解字，是很容易得罪人的。所以要運用「說文解字」這個技巧，得拿捏好分寸，不要搞不清楚狀況胡亂使用，否則可是會招惹麻煩，或者惹禍上身。

中文是很精妙的語言，但把漢字拆解解釋，並不符合邏輯，只是達到詭辯效果。

73 過度引申

「你的動作總是出錯，不是跳舞的料」

一位年輕的媽媽，本身是舞蹈老師，平日對其他孩子都很有耐心，唯獨在教自己女兒跳舞時，總是特別苛刻。女兒某個動作做得不太理想，媽媽就失去了耐心，說道：「教了妳多少次了，這麼簡單的動作還總是出錯，我看妳就不是跳舞的料！」

從教育的角度來說，如果孩子經常遭到父母這樣的批評，會逐漸變得沒有自信，自我價值感也會降低。從邏輯學的角度來說，這位媽媽的批判，也是毫無道理的。因為某方面的一些差錯，就否定一個人在這方面的天賦，認為這人不可能取得成就，這是一種邏輯謬誤，叫做「過度引申」。

這樣的情況在現實中頻頻發生，對人的心理傷害也是很大的。

有的學員在駕訓班學開車時，總是因控制不好離合器而熄火，或在倒車時判斷不好方向。面對這樣的情況，學員自己本來就很緊張，也擔心被教練說。這個時候，偏偏有些教練就會抨擊學員：「你這操作能力也太差了，將來怎麼上路啊？我覺得，你就屬於不適合開車的那類人。」

有的人很喜歡寫作，經常給各個出版社、網路媒體投稿，但是屢次被拒。朋友見他悶悶不樂，就勸道：「不是所有人都能成為作家，你投了這麼多篇文章，一篇也沒有被錄用，還是放棄吧，可能你註定就吃不了『這碗飯』。」

想想看，換作是你，聽到這樣的抨擊，會有什麼樣的感受？

己所不欲，勿施於人。同時，我們也要避免自身犯過度引申的謬誤，因為這本身就是毫無邏輯的推導。一次或幾次小小的失誤和錯誤，不能因此推導出一個人在這方面不可能有成就。新手上路時，都會遇到熄火的情況，但是後來也開車開得很熟練；多少知名的作家，在未成名之前，也遭到過多次的退稿，但這並不意味著此人的寫作能力有問題，也不代表其無法成為作家。

錯誤可以改正，缺陷可以彌補，能力可以提升，失敗可以戰勝。不隨意否定自己，不隨意否定他人，這才是理性的思維。

過度引申是一種欠缺邏輯的推導。

74 不當類比

「人的眼睛有 5.76 億個像素，卻終究看不懂人心」

類比是一種很有力的論證方法，它是基於兩個或兩種事物某些屬性上的相同或相似之處，推出這兩種事物在其他屬性上也有相同或相似之處。類比用得好，自然能讓聽者心服口服。不過，因為打比方、類比具有從個別到個別、從類到類的特點，它的結論範圍會超出前提所斷定的範圍，因此其結論性質通常也不具有必然性，稍不注意，可能就會出現邏輯謬誤。

曾經，網路上流傳著一句話：「人的眼睛有 5.76 億個像素，卻終究看不懂人心。」這聽起來很有道理，道出了不少人的心聲和感觸，然而從邏輯上講，這句話是有問題的，因為它犯了「不當類比」的謬誤。

所謂不當類比，就是把兩種或多種看似屬性相同、但實際上有本質差別的事物，放在一起做對比，這就造成了類比失當。

我們來分析一下這句話：「人的眼睛有5.76億個像素，卻終究看不懂人心。」這句話的核心在於「看」，也就是說話者認為，看東西的看，與看懂人心的看，屬性是一樣的。其實，兩者是不同的。眼睛看東西，是一種影像處理；看懂人心的看，卻是一種心理認知活動，屬於心理學的範疇。影像處理與心理學，是兩個完全不同的事情，是沒有可比性的，並不適用於類比推理。

生活中，有些人習慣胡攪蠻纏，把沒有關聯、不具可比性的事物生拉硬扯地放在一起做類比，目的是用詭辯的方式達成自己的目的。那麼，面對不當類比的詭辯，我們要如何反駁呢？

•反駁方法一：找出另一種類比，反駁對方的觀點

神學家威廉．培利（William Paley，1743-1805）為了證明上帝存在，運用了一個強大的類比論證。

培利把我們的世界比做一個精密的機械鐘錶：如果我們在一個荒島上發現了

一個運行精確的鐘錶，我們只能假定有一個製錶人製做了它，並且將它留在島上。如果你認為鐘錶的各部分只是基於巧合或機率，組裝在一起成為這個精密的鐘錶，那顯然是遠離事實與真相的。同理，我們所處的世界，以如此複雜、神奇、有序的方式運行，我們不能假定這是意外或隨機形成的，我們必須承認，有一位物主設計創造了這個複雜、精巧、有序的世界。

對於這樣的觀點，我們可以找出另一種類比：把世界比做一種生物組織，而不是機械鐘錶。這個生物組織會產生變化，其系統、器官、肢體會發展，也會退化，其核心是能量與物質，而不是思想與精神。我們可以宣稱，這個世界按照自然選擇，而不是有目的的計劃在運行。在這個世界上，當生物不再有活力時，就會死亡；當太陽的熱量耗盡，地球也將不復存在。

• 反駁方法二：按照對方的類比發展下去，得出荒謬的結論

有人說，烏龜只有把頭伸出殼外，才能向前進；公司只有願意冒險，才能有發展。如果我們不認同這種觀點的話，那就可以反問對方：按照這樣的類比，那

是不是公司也應當像烏龜一樣，行動時要緩慢，遇到危險就要把頭縮進殼裡呢？

辯論界流行一句話：「一切的類比都是不當類比。」其實，用以類比的東西，原本就不可能是同一個東西，不同的東西肯定有不同的地方，而這個本質上不同的地方，就可以用來攻擊類比不當。

不當類比是把兩種或多種看似屬性相同、但實際上有本質差別的事物，放在一起做對比，而造成的推論失當。

75 訴諸傳言

「眼見都不一定為實，更何況道聽塗說呢？」

孔子的一個學生，在煮粥的時候發現，粥裡面掉進了一個髒東西。他很自然地用湯匙把這個髒東西撈起來，準備將其扔掉。就在這個時候，他忽然想到：一粥一飯來之不易，如果就這麼扔了，怪可惜的！於是，他就把髒了的粥吃掉了。

這一幕剛好被路過的孔子看到，孔子誤以為學生偷吃食物，就跟他談了一下。聽過學生的解釋，孔子才恍然大悟，知道自己錯怪了學生。於是，他感慨地說道：「我親眼所見的事情都不一定是真的，更何況是道聽塗說的呢？」

我們經常說：「耳聽為虛，眼見為實。」但生活中總有一些巧合與誤會，我們看到的也許只是事情的一個側面，根本不是全部的事實。至於那些小道消息，就更不足為信了。如果聽信傳言，並以傳言做為論據，就很容易犯訴諸傳言的謬誤。

有句話說：「流言止於智者。」面對傳言，我們要讓頭腦保持理性、清醒，對沒有經過驗證的說法，不輕易信以為真，更不要將之到處散播，冷處理就好。因為，這些傳言很有可能是別有用心者刻意杜撰出來的，也有可能是被扭曲了的事實。就算我們認為，某種傳言有可能是真的，也要進行客觀、詳細的調查，以事實依據來說話。

在生活中，我們看到的也許只是事情的一個側面，而不是全部的事實。如果聽信傳言，並以傳言做為論據，就很容易犯訴諸傳言的謬誤。

76 破除迷信

「本命年穿紅色衣服，就會有好運嗎？」

——「今年是本命年，要穿紅衣服，這樣能帶來好運。」

——「把可樂罐綁在婚車上，可以驅走不乾淨的東西。」

——「新年就應該放鞭炮，這樣才能嚇跑年獸啊！」

——「這個樓梯陰森森，最好不要走，好幾個人從這裡摔下來過。」

類似這樣的說辭，相信大家都聽過。不過在這此想要提醒大家：「一切迷信都是荒謬的。」因為，迷信的定義就是對某個不變的事物進行唯一的極端相信，相信神靈鬼怪等超自然的東西，卻毫無根據可循。

南昌大學原校長周文斌很迷信風水。他以「講授易經知識」為名，安排風水先生到學校演講，還以學校名義，聘請風水先生當學校顧問。在該校的行政單位從老校區搬入新校區之後，周文斌還特別請風水先生看風水。為了避邪和保障仕途順利，風水先生建議在行政辦公樓前的某個特定位置上埋入某些東西，周文斌聽信並且還照做了。

很可惜，周文斌的這番做法並沒有確保他官運亨通。後來，他受賄、挪用公款之事被舉報，被法院判處無期徒刑，並且沒收個人的全部財產。那些風水先生給他設計的家居佈置、各種避邪之道，都沒有奏效。

我們一直強調，要多一點科學精神，破除迷信和偽科學。科學是一種允許自我證偽的動態開放的可靠方法，講究的是形式邏輯和證據。迷信卻是無條件接受，不允許質疑，沒有形式邏輯，不需要可靠證據，是盲目的相信，沒有理由的相信。

在碰到生活中所出現的「迷信」現象時，我們要保持清醒的頭腦，不要為了無中生有的迷信浪費自己寶貴的時間、精力和財富，那是一種自我偏執，沒有任何的意義。

迷信的定義就是對某個不變的事物進行唯一的極端相信，而且是無條件地接受，不允許質疑，沒有形式邏輯，不需要可靠證據，盲目並且毫無理由地相信。

77 簡單的答案不存在

「簡單的答案？算了吧……」

在遇到一些必須面對和解決的問題時，我們都希望有簡單的答案。這樣的話，我們就可以從麻煩中脫身，可以去看書、看電影，或者出去玩、運動。遺憾的是，現實並不如人意，在絕大多數情況下，沒有簡單的解決方式。

為什麼簡單的答案通常不存在？原因就在於，簡單的問題幾乎是不存在的，我們必須面對的重要問題，絕大多數是複雜的。而且，不只是簡單答案不存在，隨著文明的演進，我們必須處理的議題也變得越來越複雜，答案自然也就隨之更加複雜。

當然，這不一定是壞事，也許更能激發我們的創造力。

正因為簡單答案不存在，所以我們不能隨隨便便地就接受任何簡單的答案，尤其是回答複雜問題的簡單答案。近年來，很多股民都付出了巨大的代價，才得到這個教訓：凡是容易口耳相傳並被很多人使用的股市賺錢法，往往因為過於簡單而無法持續。

所以說，複雜的問題通常很難簡單回答，必須要從許多角度加以考慮。有些人之所以一再受騙，就是因為他們認為可能存在簡單答案，甚至相信可以找到簡單的答案，結果做出了錯誤的決策，或採取了不當的舉動。

美國「九一一」事件發生後數小時，騙子們就開始利用這個機會發國難財。他們打電話給成千上萬的民眾，要求他們提供信用卡號與社會安全號碼，理由是世貿中心的倒塌讓這些資料遭到損壞。

這些打電話的人，聲音聽起來非常文雅、專業、可信，而且他們說的內容也合情合理。但是，如果接聽電話的人能夠停下來思考個十五秒鐘，結果就會大相逕庭。他們並沒有去思考和追問：為什麼有人著急要這些資料？難道金融機構在別的地方沒有這些資料的存檔嗎？為什麼是在紐約的人打來電話，而不是地區的銀行人員打來？

在上述事件中，騙子利用了人們希望立刻採取行動的心理，即便他們提出的理由很愚蠢、很荒謬，甚至人們知道或應該知道那些理由是錯誤的、不恰當的，可是人們還是選擇了相信。騙子宣稱，這些方法能夠以簡單的方式解決複雜的問題，而聽者相信了。

面對複雜問題，多數人寧願沉溺在無知中，寧可要一個簡單而無負擔的答案。他們不願意進行正確思考，因為太費腦筋了；就算能夠正確思考，他們通常也不願意按照思考得出來的結論來行動。

我們務必要記住這個重要的原則和教訓：簡單的答案並不存在，切忌不假思索地接受任何簡單的答案，尤其是那些回答複雜問題的簡單答案，以免不知不覺間落入了陷阱。

簡單的答案通常並不存在，因為簡單的問題幾乎是不存在的，若不假思索接受任何簡單的答案，尤其是那些回答複雜問題的簡單答案，很容易就會落入陷阱。

78 觸類旁通

「思考卡住的時候，該怎麼辦？」

十八世紀的五〇年代，有一位奧地利籍的知名醫生，名叫奧恩布魯格（Joseph Leopold Auenbrugger，1722-1809）。他救治過許多生命垂危的病人，因而聲名遠揚。

有一回，奧恩布魯格為一名患者診斷病情，經過仔細檢查後，卻沒看出對方患的究竟是什麼病。為此，他只好讓患者留院觀察。幾天以後，患者突然死亡。奧恩布魯格十分不解，為了弄清楚原因，他申請了屍體解剖。結果發現，這名患者的胸腔嚴重化膿，胸腔中全是膿水。他認為，是自己的失職導致了患者死亡，因而決定找出徹底根治這種病症的方法。

一日，他看到經營酒業的父親正在用手敲打裝酒的桶子，根據不同的聲音判斷酒桶中所盛酒的容量。看到這一幕，他突然想到——人的胸腔和酒桶，不是很相似嗎？用敲擊的方法，能不能查出胸腔中是否有積水呢？

很快的，奧恩布魯格就把這個想法運用到了臨床試驗中。經過大量的臨床驗證，他終於成功找出了胸腔疾病與敲擊聲音變化之間的關係，發明了「叩診」這項著名的醫學診斷方法。

人的思維能力，或多或少會遇到「卡住」的時候，這也是我們常說的思考障礙點。那麼，遇到這樣的情況時，我們該怎麼處理呢？

我們要對自己的知識脈絡進行梳理，促使思維快速地適應當前的情況，並且抓住這樣的機會，讓思考能力得到進一步的發展。例如：在處理事情時，可以針對遇到的問題進行轉換，用一系列方法將其轉化成跟過去我們遇到過的問題類似的情形。在這個過程中，我們要根據當時的具體情況對問題進行分析和歸納，透過邏輯推理在思維形式上做到具體與抽象的整合，達到求同存異，在一般規律中發現特殊規律。

世界上的很多事物之間都存在著或大或小的差別，但是同時也存在著或多或少的關聯。透過有邏輯的歸納，並且對已經掌握的知識進行區分，我們能夠逐步構建起比較完整的知識脈絡，並且發展出多元的思維方法，從而讓自身的思維能力得到發展，克服思維的定型化。

遇到頭腦的思考「卡住」的時候，可以根據當時的具體情況對問題做分析和歸納，透過邏輯推理在思維形式上做具體與抽象的整合，達到求同存異，在一般規律中發現特殊規律。

79 中性詞語

「能不能把話說得明白點？」

中文這個語言博大精深，大部分的詞語都有詞性之分，如褒義詞、貶義詞、中性詞。在生活中如何靈敏而又準確地使用詞語，就成了一個至關重要的問題。特別是中性詞，它不帶有感情色彩，也可以說是一種萬能的詞語，有時可做為褒義，有時亦可做為貶義。更重要的是，這類詞語很容易令人曲解，一不小心，就會引發尷尬和誤會。

A和B是同學，兩人共同參加一場比賽。結果，最後A獲獎了，B被淘汰出局。

儘管B沒有得獎，可是他內心很替A高興，認為A有很多值得自己學習的地方。只不過，這些話他從來沒有說過，因為他性格比較內向，也不太愛說話。

有一天，某同學問B：「聽說A拿了第二名，你怎麼看？」

B說：「我很高興啊，每次看到A，都很驕傲。」

沒想到，這句話剛好被A聽見，他頓時就很生氣。在A看來，B是在指責自己得獎後太過驕傲，應該謙虛一點。

驕傲，是一個典型的中性詞。我們可以為對方的成就感到驕傲，這裡的驕傲是褒義；我們也可以提醒對方不要太過驕傲，這裡的驕傲就是貶義詞。B想表達的是，大家都是同學，我為A感到驕傲。可惜，他的立場和初衷，因為用詞不當，遭到了對方的誤解。

要成為語言邏輯高手，避免上述情況的發生，我們在生活中可以多使用情感色彩分明的詞語，少用中性詞。如果要用中性詞，則需要注意把話說完整。這樣的表達，既可以準確地表明自己的立場和觀點，又不至於引發誤會和矛盾。

中性詞不帶有感情色彩，可說是一種萬能的詞語，有時可做為褒義，有時亦可做為貶義，但在使用這類詞語時需要做完整表達，否則很容易被人曲解，引發不必要的尷尬和誤會。

80 追蹤思維

「打破砂鍋問到底，直至找出滿意的答案」

小孩子總喜歡不停地問「為什麼」，這是孩子的天性，也是追蹤思維的原型。追蹤思維，也就是「因果思維」，是指按照原思路刨根問底，窮追不捨，直至找出自己滿意的答案。

我們在生活中需要建立追蹤思維，用心尋找那些常被人忽視的地方，以及不引人注意的線索。這種細致的觀察與思考，以及追問到底的態度，能夠幫助我們找出某些問題的最終原因，並且有效地解決問題。

有一天，豐田汽車公司的一台生產配件的機器在生產期間突然停了。經過檢查發現，問題依然是保險絲斷了引起的。正當一名工人拿出一根備用的保險絲準備去更換的時候，一位管理者看到了，他決定透過提問來徹底解決這個問題。

問：「為什麼機器不運轉了？」
答：「因為保險絲斷了。」
問：「保險絲為什麼會斷？」
答：「因為超負荷運轉導致的電流過大。」
問：「為什麼會超負荷運轉？」
答：「因為軸承不夠潤滑。」
問：「為什麼軸承不夠潤滑？」
答：「因為油泵吸不上來潤滑油。」
問：「為什麼油泵吸不上來潤滑油？」
答：「因為油泵產生了嚴重的磨損。」
問：「為什麼油泵會產生嚴重的磨損？」
答：「因為油泵沒有裝過濾裝置而使鐵屑混入。」

經過不斷地追問，這位管理者最終找出了事故的真正原因。接下來，只要在油泵上裝上過濾裝置，就不會再導致機器超負荷運轉，也不會經常地燒斷保險絲，繼而保證機器正常運轉。如果當一個「為什麼」解決後，就停止了追問和思考，認為問題已經解決，那麼不久後保險絲依然會斷，問題還會反覆出現。

頭痛醫頭、腳痛醫腳，不是解決問題的良方，透過現象看到本質才是關鍵。這也提示我們：無論工作還是生活，都要多用心，多思考，多問幾個為什麼。只有這樣，才能撥開迷霧，看清問題的本質，從而解決各種疑難問題。

追蹤思維，即「因果思維」，是指按照原思路刨根問底，窮追不捨，直至找出令人滿意的答案。

81 合理化

「葡萄那麼酸，我才不想吃呢！」

狐狸來到葡萄架下，看到一串串熟透了的葡萄很是誘人。可是，葡萄架太高了，狐狸很努力地往上跳，但還是夠不著。這個時候，狐狸選擇了放棄，牠還自言自語地說：「葡萄那麼酸，我才不想吃呢！」

葡萄真的很酸嗎？事實上，熟透了的葡萄並不酸，狐狸說葡萄酸，不過是在逃避牠夠不著葡萄的真正理由，例如像是個子太矮、不夠聰明、能力不足等。只是，狐狸不想面對自身的這些問題，故而想出了一個安慰自己的謊言：我不想吃葡萄。

然而，「不想吃葡萄」這個謊言太露骨了，狐狸知道自己是想吃的，於是牠就要想辦法掩飾這個謊言，努力把謊言轉變成自己意識裡可以接受的東西。通常，謊言在經過加工之後，就成了幻想或合理化的說辭。狐狸選擇了後者，說：葡萄太酸了，我不想吃。

狐狸的這種心理機制叫做「合理化」，是一種避免衝突以保護自我的方式。合理化給予我們行動、信念和欲望合理的或看似合理的表面解釋或藉口，而未碰觸真正的動機。很多時候，人們不是用合理化來說明自己的意見，而是為了掩飾個人的不足。特別是在無法得到自己想要的東西時，就會利用「酸葡萄」的說辭來搪塞和掩飾。

合理化，是讓自己相信的事物看起來合理，但是絕大多數的論證並不是真正的理由，而是假冒的理由。所以，合理化其實是一種錯誤的思考方式。當內心出現兩種對立的觀念時，合理化就會跑出來解圍，以避免內心的不一致，把行為孤立起來，並且隱藏行為本身的意義，藉此扭曲掉對立觀念之間的關係。

有個學生考試失敗了，他不願意承認是自己準備不足，就說老師教得不好，很多題目都沒有講過；或者說考題超出了範圍。無論這些理由聽起來多麼「合理」，也不過是一種推諉，如果他不能正視自身的問題，就無法從失敗中汲取教訓，獲得進步。

當遇到無法接受的挫折時，短暫地使用這種方式減輕內心的痛苦，是無可厚非。然而從長遠的角度來看，我們不能遇到任何問題都選擇用合理化的方式來逃避，這是不成熟的心理防禦機制，也是錯誤的思考方式，欺騙別人的同時也欺騙自己。

合理化這種心理機制，是一種避免衝突、以保護自我的方式，能賦予我們行動、信念和欲望合理的或看似合理的表面解釋或藉口，而不碰觸真正的動機。

82 群體思維

「是群體中的成員太蠢了」

豬玀灣事件（Bay of Pigs Invasion），是一九六一年四月十七日在美國中央情報局的協助下逃往美國的古巴人，在古巴西南海岸豬玀灣，向菲德爾・卡斯楚（Fidel Castro，1926-2016）領導的古巴革命政府發動的一次失敗的入侵。對美國來說，這次未成功的進攻，不僅僅是一次軍事任務的失敗，也是一次政治決策的失誤。

面對豬玀灣事件的慘敗，甘迺迪總統（John Fitzgerald Kennedy，1917-1963）曾憤怒地問道：「我們怎麼會這麼蠢？」

他得到的答案是：「群體中的成員太蠢。」

現實是不是這樣呢？讓我們看看入侵豬玀灣的計劃者都有哪些人。勞勃・麥納馬拉（Robert Strange McNamara，1916-2009）、道格拉斯・狄龍（Clarence Douglas Dillon，1909-2003）、羅勃・甘迺迪（Robert Francis Kennedy，1925-1968）、麥喬治・邦迪（McGeorge "Mac" Bundy，1919-1996）、亞瑟・施列辛格（Arthur Meier Schlesinger Jr.，1917-2007）、迪安・魯斯克（Dean Rusk，1909-1994）、艾倫・杜勒斯（Allen Welsh Dulles，1893-1969）……試問：這當中有哪一個是蠢人？

那麼，真正的問題出在哪兒呢？

答案就是：決策過程出了問題。

群體思維（groupthink），最早是歐文・賈尼斯（Irving Lester Janis，1918-1990）寫的一本書的書名。他在書中分析了群體產生錯誤的原因：凝聚、孤立與壓力，讓群體過早達成共識以支持領導者最初的任何提議。群體領導者，通常會片面地揀選肯定自己與群體意見的證據，卻沒有思考其他與群體立場相違的證據。

入侵豬玀灣的計畫者，毫無疑問是一個聰明的群體，可是為什麼他們會慘遭失敗？

第一，他們知道自己很聰明，自認為不可能失敗。但事實是，聰明人也可能做出愚蠢的決定。因為真正重要的不是你有多聰明，或有多愚蠢，而是你有多正確，你對事物的推理有多透徹。要控制局勢，靠的不是意見、智商、名聲和過去的經驗，而是以證據支撐的推論。支持結論的證據越多，結論就越可能是正確的。

第二，群體中的個別成員不想提出反對意見。他們一方面擔心自己的說法遭到嘲弄，另一方面不想浪費群體的時間。施列辛格曾在備忘錄中表示，入侵古巴是不道德的，在團隊會議時卻沒有表態，因為甘迺迪告訴他：總統已下定決心，多說無益。

第三，幾乎沒有其他的選項可以考慮。甘迺迪在行動失敗後試圖解釋這個錯誤：「中情局只給我們兩個選項，入侵或什麼都不做。」這個說法是真是假，我們不得而知。不過真相是，總統可以改變自己的決策，真正的主導者是他，而不是中情局。

第四，群體領袖甘迺迪早就表明自己支持入侵行動。這讓其他成員產生了一種錯覺，覺得政策已經決定了，反對總統的決策可能會給自己帶來政治風險。

第五，這項決策很重要，也很複雜，總統又在壓縮成員討論的空間，讓他們面對極大的壓力與束縛。人在壓力下所做的思考，通常不如在放鬆狀態下的思考更為周全。

由此可見，社會影響力對人的實踐、判斷和信念有很大的影響。與群體一致是普遍的做法，可是當我們為了順從群體而違背現實原則，遠離真理走向錯誤，並且純粹以群體的想法做為判斷基礎時，就會犯群體思維的錯誤。

群體思維是一種思考謬誤，讓人脫離現實，得出錯誤的觀點，甚至導致災難。藉助豬玀灣慘敗事件，我們也該有所警醒：當自己的意見依賴於別人的意見，而非自己思考過的判斷時，我們很可能是錯的。

當我們為了順從群體而違背現實原則，遠離真理走向錯誤，並且純粹以群體的想法做為判斷基礎時，就容易會犯群體思維的錯誤。

83 誘導性問題

「你不認為這麼想是合理的嗎？」

麗莎挨著姊姊坐在客廳的沙發上，她無事可做，不久就覺得厭煩。姊姊正在看書，麗莎偷偷瞄了幾眼，發現上面既沒有插圖，也沒有對話。於是，她就說了一句：「這本書有什麼用？既沒插圖，也沒有對話。」

類似這樣的話語，在我們日常聊天時經常會出現，不刻意琢磨的話，也不會覺得有什麼問題。但是實際上，麗莎在問姊姊這個問題的時候，已經回答了這個問題。她不需要明確地把問題陳述出來，如果她這麼做的話，她會說：「沒有插圖或對話的書，沒什麼用。」

在生活中，很少有人會對此刻意進行分析。但如果換個場景，例如是在法庭上，像麗莎這樣的問話是不被允許的，因為她這樣等於是已經設定了正確答案，或帶有某種暗示，讓人傾向於回答某種答案。律師會提出異議，指出這是一個「誘導性問題」。

就像這個問話：「你現在還會毆打妻子和孩子嗎？」

無論被告回答「是」或「不是」，都等於是默認了毆打妻子和孩子的事實。所以，辯護律師聽到這樣的問話後，通常會抗議說：「這是誘導性問題。假定的事實不是證據，被告毆打妻子和孩子的事實尚未得到確認。」

誘導性問題，是提出缺乏理由或無法接受的假定，其目的往往是在迴避某個問題，並且誘導出自己想要的答案。在生活中，我們要格外留意這種暗示或未明示的假定。假如有人跟你說：你不認為這麼想是合理的嗎？你不覺得這有可能發生嗎？……請讓大腦保持清晰，對方的意圖是誘導你，讓你跟著他的思路走，千萬別被騙了。

誘導性問題是已經先設定正確答案，或是帶有某種暗示，讓人傾向於回答某種答案。誘導性問題會提出缺乏理由或無法接受的假定，其目的往往是在迴避某個問題，並且誘導出自己想要的答案。

84 求易思維

「把最胖的那位科學家丟出去」

一家雜誌社曾經舉辦過一項有獎徵答活動，獎金很高，題目頗有趣味：一個熱氣球上，載著三位關係著人類命運的科學家。第一位是糧食專家，他能在不毛之地，甚至外星球上，運用專業知識成功地種植糧食作物，使人類徹底擺脫饑荒；第二位是醫學專家，他的研究可拯救無數的人，使人類徹底擺脫癌症、愛滋病之類絕症的困擾；第三位是核子物理學家，他有能力防止全球性的核戰爭，使地球免於遭受大毀滅的絕境。由於載重量太大，熱氣球即將墜毀，必須丟出去一個人以減輕重量，使其餘的兩人得以存活。請問，該丟出去哪一位科學家？

有獎徵答活動開始後，社會各界人士廣泛參與，一度引起了某電視台的關注。在收到的應答信中，每個人都絞盡腦汁，發揮自己豐富的想像力，闡述他們認為必須將哪位科學家丟出去的原因。然而那些給出高深莫測的妙論的人，並沒有得到獎金，最終的獲獎者是一個十四歲的男孩。他給出的答案是：把最胖的那位科學家丟出去！

這個故事告訴我們，很多事情其實很簡單，只是我們想得太複雜了。無論生活還是工作，具備求易思維很重要，因為它能立刻讓我們找到問題的關鍵，讓問題迎刃而解。換句話說，邏輯思維的本質，就是化繁為簡，找到解決方法。

化繁為簡，就是把重複、不相關、不重要的資訊全部剔除，只保留與目標最相關的因素，並且將它們按照敘事性的邏輯結構重新組合。以上面的例子來說，既然是由於載重量太大，熱氣球即將墜毀，必須丟出去一個人以減輕重量，那麼「重量」就是與目標最相關的因素，這個時候，最該被丟出去的顯然就是體重最大的那位科學家。這是解決問題最直接、最有效的選擇。

曾任蘋果電腦執行長的約翰・史考利（John Sculley，1939-）說過：「未來屬於簡單思考的人。」化繁為簡，可以讓工作變得可行，幫我們逃離忙碌的職場深淵，輕鬆完成任務。

求易思維能立刻讓我們找到問題的關鍵，化繁為簡，讓問題迎刃而解。

85 組合思維

「組合的力量是無窮的……」

兩個饑餓的行者，得到了一位好心人的救助，他們分別得到了一簍魚和一根魚竿。在得到禮物後，兩人就分道揚鑣了。

得到魚的人，找了乾柴搭起篝火，美美地吃了一頓烤魚。但是一簍魚原本也沒有多少，很快他就吃光了，最終沒能逃脫被餓死的結局。得到魚竿的那個人，日子也不好過，他忍饑挨餓地走到海邊，還沒釣到魚，就已經筋疲力竭，在饑餓和疲憊中死去。

後來，又有兩個饑餓的行者，也得到了那位好心人的救助。他們獲得的禮物，和前兩個人一樣，也是一簍魚和一根魚竿。不過，他們沒有分道揚鑣，而是選擇並肩前行。

他們先是烤了兩條魚，補充體力。然後，他們帶著剩下的魚和那根魚竿，去尋找大海。途中，餓了的時候，他們就烤一條魚吃，有了力氣後再繼續趕路。經過一段時間的長途跋涉，他們終於來到了海邊，過著靠捕魚為生的日子。幾年後，他們倆都蓋起了房子，各自也都有了家庭，還有自己的漁船。

這個故事的寓意顯而易見：單一的資源和力量是有限的，「組合」才能走得更遠。我們在生活中要培養組合思維，把多項貌似不相關的事物透過想像進行連結，從而使之變成彼此不可分割的新整體。

組合思維的形式，主要有以下六種：

• 同類組合

把若干相同的事物組合在一起，如雙排訂書釘、雙層文具盒。

• 異類組合

兩種或兩種以上不同領域的技術思想的組合，兩種或兩種以上不同功能物質產品的組合，例如鋼筋混凝土、香味橡皮擦、音樂賀卡。

• 重組組合

在事物的不同層次分解原來的組合，再按照新的目標重新組合，整個過程中通常不增加新的東西，只是按照預定的目標改變事物各組成部分之間的相互關係，例如折疊腳踏車、手柄式吸塵器等。

• 共用組合

把某個事物中具有相同功能的要素組合在一起，以實現共用，例如吹風機、捲髮器、梳子共用一把可拆換的手柄。

• 補代組合

透過對某個事物的要素進行摒棄、補充和替代，形成一種在性能上更為先進、新穎、實用的新事物，例如銀行卡代替存摺、撥號式電話改成鍵盤式等。

•概念組合

以詞類或命題進行組合，即對各類組合的綜合運用，具有系統性、完整性、全面性、嚴密性，例如阿波羅登月計畫。

總之，組合思維能夠把我們日常熟悉的東西重新組合並構成一個未知的、富有新意的事物。這種思維方法通常可以創造出新的事物，雖然簡單，卻很有效。

組合思維是把多項貌似不相關的事物透過想像進行連結，從而使之變成彼此不可分割的新整體。這種思維方法通常可以創造出新的事物，因為單一的資源和力量是有限的，「組合」才能走得更遠。

86 逆向思維

「我喊3的時候大家一起睜開眼」

拍攝團體照的經歷，大家應該都體驗過。通常來說，拍照的姿態不會有太大的問題，最難的就是，在按下快門的那一刻，要讓所有人都睜著眼睛。因為在看團體照時，我們總會發現有人的眼睛是「瞇著」的，當事人看了很不爽，心想為什麼把自己拍得那麼醜？

回顧一下拍照的過程：一般的攝影師都是喊「1、2、3」，提示大家要拍照了，然後再按快門。但是人總是要眨眼睛的，在調整了位置後，再喊「1」和「2」，很多人就已經堅持不住了，到攝影師喊「3」的時候，一些人的上眼皮就去找下眼皮了。

有一位攝影師說，他拍團體照，就很少出現這樣的情況。因為，他的思路跟其他人不一樣：先讓所有拍照的人都閉上眼，聽他的口令，也是喊「1、2、3」，當他喊「3」的時候，所有人要一起睜開眼。這樣的話，照片拍出來，很少有人是閉著眼睛，而且大家的眼睛睜得比平時更大、更有精神。

面對難題時，人們都是習慣按照熟悉的、常規的思維路徑去思考，即正向思考。這種方式，有時能夠找到解決問題的方法，獲得令人滿意的效果，然而在執行中也會遇到一些問題，用正向思維去解決，收效甚微，這時候就可以反其道而行之，逆向思考。

任何事物都有多方面的屬性，如果只看到熟悉的一面，而對另一面視而不見，就會陷入思維的死角。若懂得逆向思考，往往能夠出人意料，帶來耳目一新的感覺。

不過，在採取逆向思維的時候，有兩個問題需要注意。

●要深刻認識事物的本質

所謂逆向，不是簡單的、表面的逆向，不是別人說東，我偏要說西，而是真正從逆向中做出獨特的、科學的、令人耳目一新的、超出正向效果的思考。

●堅持思維方法的辯證統一

正向與逆向原本就是對立的，不可能完全分割。所以，在採用逆向思維時，也要以正向思維為參照、為座標進行分辨，才能顯示其突破性。

任何事物都有多方面的屬性，如果只看到熟悉的一面，而對另一面視而不見，就會陷入思維的死角。有時候，若懂得運用逆向思考，往往能夠出人意料，帶來耳目一新的感覺。

87 在此之後

「下次不下雨的時候，獻祭活人就是了」

很多時候，當兩個情況接連發生時，尤其當它們不斷地接連發生時，人們會禁不住地認為：其中一個情況可以解釋另一個情況。實際上，這種想法完全沒有可信度，也是一種邏輯謬誤，叫做「在此之後」。

古馬雅人發現，種植農作物是需要雨水的。他們反覆觀察，發現雨少時農作物會歉收，不下雨時會寸草不生。這該怎麼辦？不下雨的時候，該怎麼求雨？

當然，我們都知道，抽取地下水是解決問題之道，可是這個辦法超出當時馬雅人的能力範圍。他們於是考慮其他方法，即一個完全無效的方法——獻祭活人。只要出現旱災，就有人自願淹死在烏斯瑪律（Uxmal）、奇琴伊察（Chichen Itza）等地的天然水井中。除了人，許多珍貴的物品也被扔進井裡。這樣做，是為了取悅他們信奉的神，使神吩咐身邊的少女將水瓶裡的水灑向地面。

在獻祭了幾個活人後，下雨了。馬雅人因此得出結論：獻祭活人有用。於是，下一次再不下雨的時候，獻祭活人就是了。當馬雅人接受了這個錯誤的通則後，再沒有什麼東西可以阻止神權政治以各種理由、為了各類神及其他特殊目的來獻祭活人。

事實上，有一個關於馬雅文明毀滅的合理理論，其根據即在於大量獻祭活人造成的人口銳減。想到那麼多年，有那麼多的年輕男女因「在此之後」而犧牲生命，真是令人感到可悲。總是把兩件毫無因果關係的事物連結在一起，把不相干的事物連結成因果關係，就會讓我們無法理解更複雜的真理。

兩個事物之間可能存在必然關聯，但是在因果關係成立之前，我們必須確認，是否去除原因之後，結果仍然能在不違反某些公認的一般原則下繼續存在？如果我們發現，結果能夠獨立存在於我們原來設想的原因之外，則該發現將成為證明因果關係不存在的有力證據。

蕭伯納（George Bernard Shaw，1856-1950）吃素，同時他也是一個偉大的劇作家。可是，當我們也選擇吃素時，我們也能成為偉大的劇作家嗎？醒醒吧……這兩件事物是獨立變數，而不是相關變數。不信的話，我們可以吃上一整年素，然後看看我們的寫作能力是不是能因此得到提升。

在此之後的邏輯謬誤是在於，把兩件毫無因果關係的事物連結在一起，把不相干的事物連結成因果關係，這會讓人無法理解更複雜的真理。

88 固定聯想

「抽維珍妮細涼菸能讓女性身材變纖細嗎？」

聯想，是人類大腦學習事物的基本原則。一旦兩個物件在人的意識中被牢牢地連結在一起，那麼人們看到其中一個，就會想起另一個。這種機制讓人類心智產生偉大成就，從某種意義上說，這種機制既創造了文學、藝術和音樂，也促進了科學。

維珍妮細涼菸的廣告，拍攝得很引人注目。

維珍妮，既是香菸品牌的名字，也是女性人名。由於維珍妮這個名字經常和年輕漂亮的女子一同出現在畫面中，所在這就很自然地讓人產生了「畫面中的女子叫維珍妮」的聯想，而這恰恰是廣告商所希望的。

再看「細」這個字，它準確地描述了這種香菸的外形要比其他品牌的香菸細，但是同時它也會讓人想到纖細，例如纖細的腰圍、纖細的身材。在同一脈絡中使用具有兩種不同意義的字詞或措辭，卻又不做任何區分，這種做法就很容易產生「雙重意義」。

在維珍妮細涼菸初次上市時，它在廣告中顯示的雙重意義，就讓美國聯邦貿易委員會感到頭疼。可是，菸草公司成功地讓美國聯邦貿易委員會相信，香菸名稱合理陳述了事實，維珍妮香菸確實比其他牌子的香菸更加纖細。

不過，這個理由並沒有減少我們可能產生的固定聯想，也是廣告商希望我們產生的聯想：維珍妮香菸似乎能夠讓廣告中的女子變得纖細（廣告中的那名女子比現實中的多數女子要瘦），推而廣之，就能得出「抽維珍妮細涼菸可以讓女性身材變得纖細」的結論。

當然，這種說法是不合理的。通常，吸菸者的體重會比同年齡、同性別的不吸菸者要輕，但是這並不是重點。重點是，藉由固定聯想，廣告商希望我們看到維珍妮細涼菸時能夠聯想到——年輕、性感、纖細的女性，這才是他們的目的。

現在，我們既然瞭解了「固定聯想」，就要在面對此類問題時，多一點理性和辨別能力。在缺乏證據的狀態下接受隱含假定，會讓我們的思考遠離真理，走向錯誤。如果我們接受有爭議的觀點，或在缺乏證據的情況下，理所當然地相信某件事是真的，那麼很有可能，是我們在迴避問題。

在缺乏證據的狀態下接受隱含假定，會讓我們的思考遠離真理，走向錯誤。因此在遇到跟固定聯想有關的問題時，要多一點理性和辨別能力。

邏輯學入門

88 個邏輯學常識，提升思辨能力，辨識思維謬誤，清晰思考，理性生活

作者　格桑
封面設計　張天薪
版面構成　賴姵伶
責任編輯　曾琬瑜
行銷企劃　劉妍伶

發行人　王榮文
出版發行　遠流出版事業股份有限公司
地址　104005 台北市中山區中山北路 1 段 11 號 13 樓
客服電話　02-2571-0297
傳真　02-2571-0197
著作權顧問　蕭雄淋律師

2024 年 5 月 1 日　初版一刷
定價　新台幣 340 元（如有缺頁或破損，請寄回更換）

ISBN 978-626-361-647-9
遠流博識網 http://www.ylib.com E-mail: ylib@ylib.com

國家圖書館出版品預行編目 (CIP) 資料
邏輯學入門 : 88 個邏輯學常識，提升思辨能力，辨識思維謬誤，清晰思考，理性生活 / 格桑著 . -- 初版 . -- 臺北市 : 遠流出版事業股份有限公司，2024.05
面；　公分
ISBN 978-626-361-647-9(平裝)
1.CST: 邏輯
150　　　113004261